심층
면접
질문
701

■ ■ ■ ■ ■

역량중심 행동면접(CBBI) 질문 기법은 지원자의 답변을 특정한

과거의 경험과 연결시킴으로써 과거의 행동으로부터

미래의 잠재적인 성과를 유추해 내는 것이다.

■ ■ ■ ■ ■

심층면접질문

701

직무에 적합한
인 재 를
찾 아 내 는
역량중심 행동면접
기   술

빅토리아 A. 후버마이어 지음
정재윤·백진기·강기덕 옮김

감앤감북스

심층면접 질문 701
직무에 적합한 인재를 찾아내는 역량중심 행동면접 기술

개정판 1쇄 발행 • 2016년 8월 17일

지은이 • 빅토리아 A. 후버마이어
옮긴이 • 정재창 · 백진기 · 김기덕
펴낸이 • 김건수

펴낸곳 • 김앤김북스
서울시 마포구 상암동 1680, 326호
전화 (02) 773-5133
팩스 (02) 773-5134
이메일 apprro@naver.com

출판등록 • 2001년 2월 9일(제 2015-000138호)
ISBN 978-89-89566-68-7 03320

역량중심 행동면접(CBBI) 질문 예

행동중심 면접behavior-based interviewing의 개념은 요즈음 어느 정도 알려지고 있지만, 빅토리아 후버마이어Victoria Hoevemeyer의 『심층면접 질문 701』에서만큼 기술적으로 발전된 것은 찾아볼 수 없다. 이 책은 대부분 지원자가 실제로 겪은 체험에 관해 면접 시의 심층 질문을 만들어 내는 중요한 과제에 집중되어 있는데, 그 질문들은 사실에 입각한 답변을 유도해서 장래의 역량과 능력을 파악하는 데 중점을 두고 있다.

면접은 단순한 과정이 아니다. 사람의 마음을 읽는다는 것이 얼마나 어려운 일인지를 누구나 알고 있기 때문이다. 많은 입사 지원자들은 잘 준비된 피면접자들이지만, 일단 채용되고 나면 그들의 업무 성과는 면접에서 보여 주었던 슈퍼스타나 영웅의 모습과는 일치하지 않을 수도 있다. 개인적 업무 수행 역량뿐만 아니라 팀원 간의 신뢰, 그룹 생산성, 긍정적인 분위기 등 올바른 인재 채용에 걸려 있는 것들이 많기 때문에 잘못된 채용 결정은 당신과 당신의 팀을 상당히 후퇴시킬 수 있다. 사람을 잘못 채용하는 것에 대한 두려움 때문에 빈자리를 오랫동안 채우지 못하는 관리자들을 보는 일은 특별한 일이 아니다.

실수를 두려워하는 것은 당연하지만, 실수하는 것을 회피하거나 두려워해서야 어떻게 우리의 사업 활동을 영위할 수 있겠는가. 인적 자산의 생산성이 지식 기반 경제knowledge-based economy에서 유일한 수익의 원천이라는 것이 사실이라고 한다면, 가장 총명한 인재를 채용하고 그들의 잠재력을 최대한 발휘하도록 개발시켜야만 한다. 따라서 '사람을 읽는' 기술과 선발 능력은 경력을 쌓아갈수록 당신이 몸에 지녀야 할 가장 중요한 기술이 될 것이다.

당신이 이런 분야에서 현재 능력에 전적으로 안심이 안 된다고 하더라도 두려워할 필요는 없다. 성공 확률을 높이는 면접을 하는 것은 (사람에 관해 예측을 하는 일은 누구도 보증을 할 수 없는 일이지만) 배울 수 있는 기술이다. 당신은 자신의 부담을 최소화하면서 독자적인 면접 방식을 개발할 수 있다. 당신이 평가하려고 하는 역량에 바탕을 두고 행동중심 면접 형식을 채택하게 되면, 다른 사람의 재능을 알아보는 능력에 더욱 자신감을 갖게 되고, 이는 보다 많은 성공적 채용으로 이어질 것이다(또한 이것이 당신의 자신감을 더욱 높여준다).

행동중심 면접은 실제적으로 있었던 직무 성과를 있는 그대로 분석하는 데 기초를 두고 있다. 빅토리아 후버마이어의 이 책은 특정한 시나리오를 위한 역량중심 질문들competency-based questions을 제시해 줌으로써 우수한 지원자(적격자)를 알아보는 일을 훨씬 쉽게 해주고 있다. 전사적으로 필요한 공통 조직 역량competency-based questions을 파악하고자 하든지, 직무별 역량job-specific competency을 파악하고자 하든지 간에 활용할 수 있는 특유한 행동중심 질문들을 발견하게 될 것이다.

그 전제는 단순하다. 즉 행동중심 면접 기술behavioral inter-view technique은 지원자의 답변을 특정한 과거의 경험과 연결시켜서 과거의 행동으로부터 미래의 잠재적인 성과potential performance를 유추해 내는 데 초점을 두고 있다. 지원자의 답변을 특정한 과거의 경험에 연결 지음으로써 그가 장래에 어떻게 행동할 것인가를 나타내는 믿을 만한 지표를 얻어 낼 수 있게 될 것이다. 행동중심 면접 질문 전략은 사람은 실수로부터도 배우고 자기 행동을 변경하게 된다는 것을 부정하지 않는다. 그러나 장래의 행동은 과거의 행동을 여실히 반영하게 된다는 것을 가정하고 있는 것이다.

나아가서 행동중심 질문 기술은 지원자들이 이에 대해 미리 준비할 수 없기 때문에 자연스러움을 보장해 준다. 지원자가 자기의 실제 생활에서의 작업 성과를 얘기하는 임기응변식 대처 상황에서 전통적인 면접 질문들을 예상하고 연습을 해 온 답변은 쓸모없게 된다. 행동중심 면접 질문들은 답변을 과거의 구체적 사건들과 연관시키기 때문에 지원자들은 자연히 과장된 답변을 하려는 경향을 최소화하게 된다. 그러므로 면접 중에 보다 정확한 반응을 확인하게 되고, 확인하고자 하는 역량에 관한 구체적 정보를 얻게 된다.

행동중심 면접에서 대화가 진행되는 과정은 다음과 같다.

면접 위원: 현재의 직장에서 팀장으로 일하면서 당신이 가장 싫어했던 일을 얘기해 보세요.

지원자: 그건 일을 잘 못하는 직원을 훈련시키는 일이나 일시적으로 해고하는 일 또는 사직시키는 일입니다. 작년에는 구조 조정이 많이 있었습니다.

면접 위원: 네. 이해가 가는군요. 그런 일은 기분 좋은 일이 못되지요. 누군가를 해

고시켜야 했던 지난 일을 얘기해 보세요. 어떤 상황이었고 어떻게 처리를 했지요?

지원자: 네. 최근에 저희 그룹에서 일어난 일은 4개월 전에 제 부하 직원이 일에 집중을 못한다는 것이었어요. 그는 생산 라인에서 계속해서 실수를 저질렀는데, 교육을 시키거나 감독을 한다고 해서 그의 불량률을 줄일 수는 없을 것 같았어요.

면접 위원: 그거 안됐군요. 더 얘기를 해 보세요.

지원자: 그래서 처음에 그 사람의 친구인 노조 간부에게 가서 그가 계속 문제를 일으킨다는 것을 얘기해 주었어요. 그들은 서로 친구간이고 그가 노조 간부를 신뢰한다는 것을 알고 있었기 때문이죠. 그 노조 간부가 그를 도울 수 있을 것이고 그를 실제로 괴롭히는 문제가 무엇인지 확실히 알아낼 수 있으리라고 생각했어요. 나는 그 노조 간부를 통해 만일에 개인적인 문제가 장애물이 되고 있다면 그가 도움을 받을 수 있는 근로자 지원 프로그램(EAP)이 있다는 것을 알려 주도록 했어요. 불행하게도 며칠 뒤에 그 노조 간부는 내게로 돌아와서 "친구인 자신이 개입하는 것을" 그가 바라지 않는다고 말했어요. 그러고는 자신이 노조 간부이기 때문에 그에게 부정적인 결과를 초래할 수 있는 어떤 활동에도 관여하기 곤란하다고 했고, 나는 그것을 이해했어요.

면접 위원: 흥미롭군요. 그 다음에는 어떻게 했나요?

지원자: 그래서 나는 그 직원의 과거 근무 평가 기록을 통해 그 직원에 관해 직접 알아보기로 했습니다. 그는 5점 만점에 4점을 얻었는데, 이는 정말 일을 잘했다는 것을 뜻합니다. 그래서 나는 그에게 지금 내가 그의 점수를 매긴다면 4점을 줄 수 없다고 말했습니다. 지금 이 시점에서 근무 성적을 평가한다면 아마도 2점이 될 것이고 이것은 회사의 기대치에 미치

지 못한다는 것을 솔직히 얘기해 주었습니다. 그렇지만 그때가 평가 기간이 아니었으므로 만회할 수 있는 시간이 있다는 점이 다행이라고 얘기했습니다. 나는 내가 그를 도울 수 있는지, 어떻게 도울 수 있는지를 알고 싶었습니다. 그러나 불행하게도 그는 나에게 마음을 열지 않았고 우리는 그대로 내버려 둘 수밖에 없었습니다.

면접 위원: 그 사람은 자신이 해고당할 수도 있다는 것을 알고 있었나요?

지원자: 그럼요. 나는 필요하다면 언제든지 서로 대화할 수 있는 문이 열려 있다는 것을 환기시켜 주고 불량률이 지나치게 높아지면 인사 부서에 그의 작업 성적이 표준 이하라는 것을 보고할 수밖에 없다는 것을 얘기해 주고 면담을 끝냈습니다. 그 사람은 내가 그 얘기를 할 때에도 무관심한 모습이었습니다.

면접 위원: 매우 공정하고도 열린 자세로 그를 대한 것 같군요. 징계 조치를 위해 인사 부서에 가기 전에 당신이 노조 간부와 해당 직원에게 먼저 얘기를 하게 한 것은 무엇 때문이었습니까?

이야기는 이와 같이 진행된다. 이런 과정에서 중요한 것은 인터뷰가 얼마나 편안하고 자연스럽게 진행되느냐를 살피는 것이다. 이는 일차원적인 질문에 기계적으로 답변하는 형식적이고 짜여진 질의응답 과정이라기보다는 오히려 토론과 '서로를 알게 되는' 만남이라고 해야 할 것이다. 좋은 면접 스타일에서 핵심이 되는 것은 지원자로 하여금 충분히 (때때로) 편안하게 느끼도록 해서 "저는 이런 것을 면접에서 노상 얘기하는 것이 아니지만 편안한 상태에서 당신이 물어보시니까 얘기해 보겠습니다."하는 자세를 갖도록 해야 한다. 만약에 이 행동중심 면접을 적절하게 활용해서 당신이 지원자와 빠른 속도로 친밀한 관계를 맺고 두 사람이 함께 무언가를 결정하려고 한다는 느낌을 줌으로써 지원자가 방어적인 자세를 풀도록 유도한다면, 당신의 인터뷰는 타의 추종을 불허하게 될 것이고 다른 사람들을 보살펴 주고 관심을 쏟는 리더라는 평판을 얻게 될 것이다.

더 나아가서 행동중심 질문 기술은 지원자의 답변에다가 자기 평가적 질문을 하거나 정직하면서도 어느 정도 '부정적인' 차원을 추가하여 사실 확인을 위한 다음과 같은 후속 심층 질문을 하면 더욱 좋다.

- 그 일들을 다시 할 수 있다면 어떤 식으로 다르게 해 볼 생각인가요?
- 당신이 조급하게 행동을 했는지, 아니면 너무 기다리다가 단계적인 징계 조치를 취할 때를 놓친 것은 아닌지 얘기해 볼 수 있겠습니까?
- 문제를 정면으로 기꺼이 직면하려고 했는가 하는 점에 있어서 이처럼 직무 성과를 감소시키는 상황을 당신이 어떻게 다루었는가 하는 점에 대해 당신의 상사는 어떤 점수를 매길 것 같은가요?
- 경고를 했거나 그를 그만두게 했다면, 당신의 결정에 관해 노조는 노사 간의 분규 처리 과정에서 무엇이라고 얘기했나요?

이러한 행동중심 면접에서의 상호 대화를 통해 얻게 되는 통찰은 막대한 것이다. 그러한 짧은 대화를 통해서 당신이 지원자에 대해 갖게 되는 느낌은 그의 감독과 리더십에 대한 접근 방식을 있는 그대로 통찰하게 해 준다. 이제 당신이 알게 된 것은 어떤 것인가?

첫째로, 그는 열린 마음으로 진솔하게 의사소통을 하는 사람이다. 그 직원에게 신뢰를 받고 있는 친구로부터 도움을 받게 해 주려고 노조 간부에게 간 것은 그가 상호적인 인간관계에 중요성을 부여하는, 사람을 돌볼 줄 아는 사람이라는 것을 보여 준다. 한편 팀장이 인사 부서에 가기 전에 노조를 먼저 접촉한다고 하는 것은 그 팀장의 충성심이 어디를 향하고 있는가 하는 관점에서 보면 위험 신호일지도 모른다. 그가 노조에 간 것이 그 직원과 특정 노조 간부 간의 알려진 개인적인 인간관계에 기초를 둔 예외적인 것이라면, 팀장의 결정은 이해할 수 있는 것이 될 수도 있다. 그 직원과 노조 간부 간의 개인적인 우정을 제외하다면, 이런 일은 당신 회사를 위해서는 실제로 걱정할 만한 부분으로 보일 수도 있다.

둘째로, 그 지원자는 분명히 끝까지 노력하는 자세를 보여 주었고 그 노조 간부에게 문제를 풀도록 수일간의 시간을 주면서 인내심을 보여 주었다.

셋째로, 이 지원자는 그의 직원에게 긍정적인 자세로 접근했는데, 작년도의 분명한 근무 성적표를 입수해서 그 직원을 격려해서 보다 높은 성취 수준으로 돌아가도록 동기 부여를 하려고 했던 것이다.

넷째, 그는 그 직원에게 즉각적이고도 지속적인 개선을 하지 않으면 징계 조치를 받을 수 있다는 것을 구두로 미리 경고했다.

다섯째, 그가 마지막으로 표준 이하의 작업 성취도로 인해 그를 해고하기 위해 인사 부서와 협의하기로 한 최종 결정은 그가 문제를 정면으로 직면하고 규정을 따르면서 자신의 신념을 지켰다는 것이다. 그것은 멋진 역할 연기를 통해 면접 과정에서 시간을 매우 잘 활용한 것이다.

이 사례에서 그 지원자는 의사소통 능력과 남의 얘기를 듣는 능력, 인간적인 관심, 문제를 기꺼이 정면으로 맞서고자 한 것과 만일 그 직원이 회사 측의 최대한의 노력에도 불구하고 자신을 다시 변화시키는 것을 거절한다면 징계 조치를 취하려고 한 신념 있는 태도 등을 분명하게 보여 주고 있다.

그러나 이 지원자의 전체적인 대응이 당신에게는 긍정적으로 보일지 모르지만 다른 사람들은 받아들일 수 없는 것으로 생각할지도 모른다. 예를 들면 어떤 상황에서든지 팀장이 도움을 청하러 노조에 가는 것은 잘못이라고 생각하는 사람도 있을 수 있다. 같은 맥락에서 팀장은 노조의 존재와 효과가 최소화되도록 하여 회사의 경영진이 근로자들을 관리하는 데 있어서 가능한 한 많은 권한과 재량권을 가지도록 해야 한다고 생각할지도 모른다. 또 다른 사람들은 공식적인 문제가 발생할 때마다 팀장은 언제나 보고서를 가지고 처음부터 인사 부서에 가야 한다고 생각할지 모른다.

어떤 경우이든지 간에 지원자가 행동중심으로 '살아 온 이야기'를 하는 방식으로 면접 질문들에 답할 때에는 늘 다른 해석을 할 수 있는 여지가 많을 것이다. 간단하게 말해서 행동중심 질문 기술은 각 면접마다 결정적인 내용들을 훨씬 더 많이 제공함으로써 면접위원이 채용에 관한 최종 결정을 하는 데 있어 중요한 역할을 하는 차이점들과 뉘앙스들을 보다 깊이 이해하게 만든다.

후버마이어의 이 책은 '역량중심 행동면접Competency-Based Behavioral Interviewing(CBBI)'이라고 불리는 기술을 사용하는 수백 개의 질문 예들로 구성되어 있다.

역량중심 행동면접의 핵심은 지원자가 당신의 팀(회사)에서 성공적일 수 있는 기술과 지식 그리고 능력을 가지고 있다는 것을 확인해 준다는 것이다. CBBI는 당신 회사(부서)의 성공에 결정적인 임무와 고유한 직무 관련 역량을 자세히 설명함으로써 위와 같은 것을 확인할 수 있게 해 준다. 더욱 중요한 것은 기술적인 직무 성과에 의해서든 혹은 사람과 사람 사이의 소통 능력에 의해서든, 그러한 역량들을 지원자들이 발휘하였거나 발휘하지 못한 다양한 행동사례들을 발견하게 될 것이다. 따라서 듣는 기술 또는 관계를 구축하는 것에 중점을 두든, 아니면 글쓰기 기술이나 정치적인 기지에 중점을 두든, 당신은 성공담이나 실패의 사례들에 대한 암시로 충만한 행동중심 질문들을 자유자재로 다루게 될 것이다.

이러한 역량중심 면접 모델은 과거에 이루었던 직무 성과를 실제로 분석하는 것이다. 그렇게 해서 다른 종류의 역량 발휘에도 적용될 수 있는 톤과 기대치를 결정하게 될 것이다. 당신이 지원자 평가(면접)를 위해 선정한 바로 그 역량들은 당신의 직무 성과 평가, 교육 훈련 및 보상 제도 등에 긴밀히 연결될 것이다. 성과를 올린 핵심 인재들key performers을 선발해서 당신의 팀에 부드럽게 융화되도록 하는 것, 어떤 것이 가치 있고 어떤 것이 평가받는가 하는 점에 있어서 기대치를 정하고 그들이 성공하도록 돕는 것, 이것이 바로 목표인 것이다.

역량중심 면접 기술은 구체적이고 실제적인 면접 질문으로 시작하는데, 이는 시간을 절약시켜 주고 지원자 평가 기술을 강화시켜 주며 당신 조직의 성과 관리 시스템에 성공적으로 연계되게 해 준다는 것을 기억하기 바란다. 이제 당신은 당신을 바로 그러한 곳에 인도해 줄 편리한 안내서를 갖게 된 것이다. 이 책을 통해 당신이 리드하고 동기 부여해야 하는 사람들의 잠재력을 제대로 파악하게 될 수 있기 바란다.

폴 팰컨

『채용 전에 물어야 할 주요 질문 96』의 저자

최근 인적 자원이 경쟁력의 원천이라고 인식되면서, 우수 인재를 채용하기 위해 해외에서 직접 면접을 통해 채용 결정을 하기도 하고 한두 명의 핵심 인재를 위해 회장의 전용기까지도 보내는 등 소위 인재 전쟁이 벌어지고 있다.

글로벌 시장에서의 경쟁 가속화에 의해 기업들이 몇 년을 두고 인재를 육성해서 능력을 발휘하도록 기다릴 여유가 없어지게 되자 순혈주의를 포기하고 즉시 성과를 낼 수 있는 경력 사원을 점점 더 선호하고 있다.

또 일반적으로 우수한 인재를 선발하던 방식에서 벗어나 담당하게 될 직무나 직책 위주의 선발을 통해 전문 분야에서 글로벌 경쟁력을 가진 인재를 선별하려는 방향으로 선발의 초점이 바뀌었다.

한편 모바일 사회화가 진전되면서 디지털 유목민들은 종신 고용의 보호막이 없어짐에 따라 좋은 직장이 아니라 좋은 직업을 찾아서 더 많은 이동이 보편화되어 더 빈번한 이직을 경험하게 되었다.

대학을 갓 졸업하고 취업을 하려는 사람들에겐 문이 더욱 좁아져서 몇 번, 몇십 번의 면접을 해야 하는 높은 벽을 넘어서기 위해 취업 캠프에 참여하여 합숙 훈련을 통한 면접 훈련을 하며 좋은 점수

받는 법을 배운다.

인터넷 취업 사이트에 가면 회사별로 면접 위원들이 잘 묻는 질문을 확인해 볼 수 있는 소위 '족보'가 나와 있어, 이들을 통해 방패를 뚫기 위한 준비를 단단히 하고 온 피면접자에 대해 준비 안 된 면접 위원들의 어설픈 질문으로는 변별이 잘 되지 않는다.

이 때문에 적합한 인재를 선발하기가 점점 어려워지고 있다. 해당 기업의 문화나 직무에 맞지 않는 사람을 뽑으면 조기 탈락과 생산성 저하, 기회 손실 및 채용에 관련된 직·간접 비용의 증가를 초래할 위험이 크며, 유능한 인재를 제대로 알아보지 못하여 놓쳐 버리면 경쟁력 상실과 더불어 경쟁사를 도와줄 가능성이 높아진다.

이런 배경 때문에 역량 있는 인재를 식별하기 위한 심층면접이 최근 들어 점점 더 중요하게 대두되고 있다.

본서의 핵심 내용인 '행동중심 심층면접' 기술은 지원자의 답변을 특정한 과거의 경험과 연결시켜서 과거의 행동 사례로부터 미래의 잠재적인 성과를 유추해 내는 데 초점을 두고 있다. 즉 지원자의 답변을 특정한 과거의 경험에 연결 지음으로써 그가 장래에 어떻게 행동할 것인가를 나타내는 믿을 만한 지표들을 얻어내는 데 목적이 있다.

기업들의 면접 교육에 대한 수요가 늘어남에 따라 '더 적합한 우수 인재'를 뽑기 위한 가장 효과적인 대안으로서 도입되고 있는 이 면접 방식은, 먼저 회사별 사업의 특성과 담당하게 될 직무 요건에 바탕을 두고 도출된 '역량'을 평가하는 데 초점을 둔다. 이를 위해서는 각 역량을 파악할 수 있는 질문이 준비되어 있어야 하고 그 질문을 효과적으로 물어보면서 면접 과정을 편안하게 이끌어 가는 스킬이 필요하다.

그러나 역자들이 최근 면접 교육을 실시한 50개 이상의 기업들의 경우를 보면, 직무별로 필요한 역량까지는 설정이 되어 있으나 그 역량을 제대로 파악하기 위한 질문을 제대로 준비한 기업은 거의 없다. 그래서 대부분의 면접이 "당신의 강점과 약점이 뭐냐?", "왜 우리 회사에 입사하려고 하느냐?" 등의 전통적 면접에 그치고 있어 지원자의 역량을 제대로 평가하기에 크게 미치지 못하는 것을 확인할 수 있었다.

이러던 차에 본서 『심층면접 질문 701』을 접하고 이 책이야말로 그냥 우수 인재가 아니라 '업무에 적합한 우수 인재'를 채용하려는 기업이나, 자신이 가진 역량을 제대로 확인해 주지 않았기 때문에 취업에 실패한 '역량 있는 지원자'들에게 큰 도움이 될 것이라는 확신이 들었다.

"쓰레기가 들어가면 쓰레기가 나온다."는 말처럼 역량을 파악할 수 없는 잘못된 질문을 해서 얻은 잘못된 평가 결과는 필요한 인재를 선발하는 데 도움이 되지 않는다.

이 책이 "적합한 인재를 버스에 태우려고 노력하는Right People on the Bus" 분들에게 크게 도움이 될 것을 기대한다.

역자 대표 정재창

개요

　면접 위원을 해 본 대다수 사람들이 동의하는 한 가지 사실은 면접 심사를 하는 것보다 마취하지 않고 이를 뽑는 게 더 쉬울 것 같다는 것이다. 실제로 그 정도까지는 아니겠지만, 어쨌든 대부분 사람들은 면접 심사 하는 것을 별로 좋아하지 않는다(면접에 타고난 재능이 있는 일부 사람들은 예외이겠지만). 사람들이 면접을 싫어하는 이유를 들어보면, 엄청난 업무를 하느라 이미 지쳐 버린 상태에서 면접을 해야 된다고 하면 과도한 업무에 부담이 하나 더해지는 것뿐이라는 생각이 든다고 한다. 사람들은 면접 과정을 통째로 날려 버릴 수 있으면 좋겠다고 생각한다.

　직원 면접 과정은 경영/관리자에게 맡겨진 가장 중요한 업무에 속한다. 하지만 이런 중요한 업무를 제대로 수행하는 방법을 교육받은 경영/관리자가 거의 없다는 것이 현재의 실정이다. 아마 그래서 직원 채용 업무를 꺼리는 것일 것이다.

　채용 결정이 잘못되면, 경영/관리자에게 직접적인 영향을 미칠 뿐 아니라 조직 전체에 간접적인 영향을 미친다. 채용 결정이 잘못되면 적어도 다음과 같은 결과를 초래할 가능성이 있다.

- 경영/관리자의 일상적인 업무 수행에 부정적인 영향을 미친다.
- 팀별 연간 목표 및 목적 달성에 결정적인 역할을 하게 된다.
- 여타 전술적 및 전략적 업무 추진에 혼란을 초래한다.

채용 결정이 잘못되었을 경우에 다른 사람들에게 미치는 영향도 결코 무시할 수 없다. 즉 조직 내에서 동료들을 화나거나 짜증스럽게 만들어서 사기를 저하시킬 수 있으며 연수 시간도 추가적으로 늘어날 수 있다. 게다가 고객 서비스에 부정적인 영향을 미쳐서 결국 고객 확보에도 악영향을 줄 수 있다. 또한 직원을 해고할 경우에 발생될 수 있는 시간 손실과 그 밖의 다른 자원의 손실은 물론이고 해당 직책에 필요한 인원을 재충원할 때 소요되는 시간도 고려되어야 한다.

필자로서는 이 책자를 활용한다면 면접에 참여하면서 느끼는 고민이 모조리 없어질 것이라거나 직원을 채용할 때마다 매번 만족스러운 결과를 얻게 될 것이라고 말하고 싶지만, 실제로는 둘 중 어느 하나도 자신 있게 말할 수 없다는 것이 안타까운 사실이다. 필자는 다만 이 책을 통해 면접 과정의 고통에 대한 일종의 마취약을 제공한다. 즉 이 마취약은 바로 역량중심 행동면접Competency-Based Behavioral Interviewing(CBBI)이라는 것인데, 그 명칭이 주는 느낌과는 달리 부담스럽지도, 위협적이지도, 복잡하지도 않다.

CBBI는 단지 지원자가 이전의 경험에서 보여 주었던 직무와 관련된 실제적인 행동 사례를 개별적으로 수집하는 데 초점을 맞춘 조직화된 면접 과정일 뿐이다. 역량에 초점을 맞추는 CBBI의 경우, 개인적으로 받는 인상으로 인해 면접이 진행되는 동안 편견을 갖게 되어 결국 채용을 주관적으로 결정하는 사례가 최소한으로 줄어들게 된다. CBBI를 활용하면, 후보자가 직책에서 요구되는 수준의 기술, 기능 및 전문 능력을 갖추었는지는 물론이고 해당 직책과 조직에서 성공적으로 직무를 수행할 수 있는 역량을 갖추었는지도 분명히 알 수 있다.

본서에서는 직원 모집 과정과 관련된 여러 가지 사안들(예컨대 전화심사 면접, 채용 결정)을 검토하면서, CBBI 질문 그 자체를 중심으로 설명한다. 그 이유는 사람들이 CBBI를 활용하지 않는 주요 원인이 바로 연관성 있고 적합한 우수한 질문을 찾아내기 어렵다는 지적을 하는 경우가 많기 때문이다. 본서는 많은 시간이 소요되는 그러한 복잡한 과정을 간편하게 해결할 수 있는 해법을 알려줄 것이다. 일단 직책에 필요한 역량이 결정되면, 그 직책에 해당되는 샘플 질문의 목록을 찾아서 해당 직책에 필요한 정보를 수집하는 데 가장 알맞은 질문을 선택한 다음 지원자의 적합성 여부를 결정하면 된다.

만약 지원자의 업무 성과를 예측하거나, '잘못된 채용bad hires'의 가능성을 줄이거나, 현재의 역량 또는 행동중심 면접 과정을 개선하려고 했다면, 여러분은 원하던 해결책을 이미 찾은 것이다.

01

현재의 면접 방식

행동중심 면접behavior-based Interviewing, 즉 역량중심 면접 competency-based Interviewing이 처음 도입된 지 벌써 25년이나 지났지만, 대다수 조직에서는 여전히 전통적인 면접 방식을 고집하고 있으며 때때로 상황 면접(시나리오 면접, 가정 면접 또는 조건what if 면접이라고도 함) 방식이 혼용되기도 한다. 또 최근 수수께끼 같은 난해한 문제를 해결해 보라는 면접 방식이 이용되기도 한다.

역량중심 또는 행동중심 면접 방식을 소개하기에 앞서 여러 가지 면접 방식들을 살펴보기로 하자.

전통적 면접 질문

대부분의 사람들에게 익숙한 전통적 면접traditional interview 질문들은 다음과 같은 것들이다.

- 혼자 일하는 것과 그룹으로 일하는 것 중 어느 쪽을 더 좋아합니까?
- 자신의 가장 큰 강점이나 약점은 무엇입니까?
- 이전 직장에서 가장 좋았던 것과 싫었던 것은 무엇입니까?
- 한 사람의 개인으로서 자신을 어떻게 설명할 수 있습니까?
- 어떤 종류의 책이나 출판물을 주로 읽습니까?
- 5년 후 자신의 비전은 무엇입니까?
- 어떤 점에서 자신이 채용될 자격이 있다고 생각합니까?
- 압박감, 스트레스, 짧은 마감시간 등을 잘 극복하는 편입니까?
- 동료나 상사는 당신을 어떻게 생각하나요?
- 자신이 만난 최고의 상사에 대해 설명해 보세요.
- 자신의 업무 경력에 대해 말해 보세요.

면접 위원들에게 이런 질문들은 눈감고도 내뱉을 수 있을 정도로 익숙할 테고, 지원자의 답변도 거의 토씨 하나까지도 외울 수 있을 것이다. 한 번이라도 면접시험을 치러 본 지원자라면 위와 같은 질문들을 전부는 아니라도 거의 대부분 받아 봤을 것이다. 면접 위원들의 구미에 딱 맞는 답변을 알고 있어서 이런 질문을 오히려 편안하게 생각하는 지원자들도 있겠지만, 대다수의 지원자들은 자신의 진정한 장점과 잠재적 능력이 충분히 드러나지 않는다고 생각한다.

'톡톡 튀는' 면접 질문

여기서 전통적 면접 질문들의 변형에 대해서도 짚고 넘어가지 않을 수 없다. 그것은 말 그대로 다음과 같이 '톡톡 튀는' 면접 질문들이다.

- 자신의 영웅은 누구이며, 그 이유는?
- 자신이 정글에 사는 동물이라면 어떤 동물이 어울리며, 그 이유는?
- 신문에 자신을 알리는 전면 광고를 낼 기회가 생겼는데 여섯 단어 이내로 광고 문구를 만들어 본다면?
- 점심 식사에 세 명(생존 여부 불문)을 초대할 수 있다면 누구를 초대할 것이며, 그 이유는?
- 시간과 돈이 무제한 허용된다면 무엇을 하겠습니까?
- 자전거에 비유한다면 자신은 어떤 부분이라고 할 수 있나요?
- 자신이 가장 좋아하는 색깔은 무엇이며, 그 색깔에 비춰 자신의 성격을 설명한다면?
- 자신이 지금 회전목마를 타고 있다면 어떤 노래를 부르겠습니까?
- 자신의 인생에 걸맞은 주제가가 있다면, 그 주제가는 어떤 곡

일까요?

이런 질문들을 좋아하는 채용 담당자들이 주장하는 바는 지원자들의 질문 속에서 상당한 통찰력을 발견할 수 있다는 것이다. 이러한 면접 방식을 지지하는 사람들은 위와 같은 질문을 통해 지원자의 창의력, 스스로 사고하는 능력, 불확실한 상황의 대처 능력, 의사 결정 능력 등을 파악할 수 있다고 한다.

전통적 면접 방식의 장점

전통적 면접 방식의 가장 중요한 장점 가운데 먼저 떠오르는 것은 그것이 친숙하고 편안한 방식이라는 것이다. 면접시험은 긴장이 많이 되는 일이지만 전통적 면접 방식은 이미 잘 알려져 익숙하므로 다른 면접 방식보다 긴장감이 덜할 것이다.

두 번째로, 전통적 면접 방식에서는 대개 비교적 짧은 시간 동안에 많은 질문을 하는 것이 가능하지만 주로 간단한 답변이 요구된다(예컨대 "당신의 장점은 무엇인가?" 등). 답변은 길어도 30초를 넘지 않는 것이 일반적이다.

마지막으로, 일부 전통적 면접 질문들이 해당 직책(예컨대 "자신이 바라는 가장 이상적인 업무는 무엇인가?"), 해당 직책의 관리자(예컨대 "자신이 팀장으로서 추구하는 것은 무엇인가?"), 조직 문화(예컨대 "자신이 일하고 싶은 조직의 유형은?")에 적합한지가 명확히 드러난다는 것이다.

'톡톡 튀는' 면접 질문을 통해 얻을 수 있는 유일한 장점은 지원자가 전혀 예기치 못한 상황에서도 침착하게 대응할 수 있는지, 그리고 지원자가 스스로 사고할 수 있는지를 판단하는 데 도움이 된다는 것이다.

그렇다면 '톡톡 튀는' 면접 질문의 문제점은 없을까? 사실 이런 유형의 질문들은 지원자의 업무 능력과 전혀 관계가 없다. 한마디로 말하면, 시간 낭비인 것이다. 이를 통해 면접 위원이 얻는 '통찰력' 은 순전히 추측이나 추정에 지나지 않는다. 이런 질문들을 통해 사전에 지원자를 판단하는 데 실제로 도움이 될 만한 가치 있는 정보를 얻었다는 연구 결과는 어디에서도 찾아볼 수 없다.

더구나 이러한 질문 때문에 충분히 자격을 갖춘 유능한 지원자가 탈락될 수도 있다. 유능한 지원자들 중 비교적 상당수가 개인적으로 선호하는 색깔이 채용 결정 근거로 사용되는 것이 정당한 것인지 회의적인 시각이다. 이렇게 애매한 질문들은 필자가 꾸며 낸 것이 아니라 실제 면접 현장에서 지원자에게 던져지는 질문들이다.

전통적 면접 방식의 문제점

전통적 면접 질문에서 나타나는 가장 큰 문제점은 바로 진부함이다. 지원자들은 수많은 서적과 웹사이트를 통해 제공되는 '면접 질문 톱 100' 등과 같이 질문에 대한 '모범right' 답안을 얻을 수 있다. 심지어 구인자 및 채용 담당자용 웹사이트를 검색하고 관련 서적을 구입하기도 한다. 이를 통해 '질문 X' 에 대한 맞춤식 답변 정보가 제공되므로 지원자는 자신에게 알맞은 모범 답안을 만들어 낼 수도 있다.

면접이 끝난 후 채용 담당자들에게 어떤 지원자가 가장 적격인지 물어보면 십중팔구 명쾌한 답변을 듣기는 어려울 것이다. 그 이유는 프레젠테이션 능력을 살펴보는 것 이외에 지원자를 판별할 수 있는 방법이 거의 없기 때문이다. 거의 모든 지원자가 자기 나름대로 모든 면접 질문에 대한 '모범' 답안을 마련해 두고 있기 때문에, 결국 지원자의 적합성 판단은 직책에 필요한 적성이나 능력보다는 채용 담당자의 '직감gut feeling'에 의해서 결정될 가능성이 더 많다.

마지막으로 지적할 수 있는 전통적 면접의 잠재적 문제점은 모든 지원자들에게 질문이 항상 똑같지는 않다는 것이다. 그렇기 때문에 전통적 면접들이 흔히 주최측 편의주의적인 방향으로 흐를 수 있다는 맹점이 드러나는데, 특히 준비도 제대로 갖추어지지 않고 면접이 '틀에 박힌go with the flow' 분위기로 진행되면서 지원자의 배경만 중시하는 경우에는 문제가 더욱 커진다.

상황 면접 질문

두 번째 유형의 면접 질문은 상황 질문으로 시나리오 중심 면접, 가설 질문 또는 '조건' 질문이라고도 한다. 상황 면접situational interview에서는 지원자에게 특정 상황을 주고 대처 방법을 묻는다. 어떤 상황에서는 일정한 시나리오를 제시하고 대처 방법을 묻는다 (다음의 4~7번째 샘플 참조). 여기에 해당되는 질문은 다음과 같다.

• 조직에서 상사가 비윤리적이거나 불법적인 일을 하도록 지시

한다면 어떻게 하겠습니까?

- 결정을 내리는 데 바탕이 되는 정보들이 서로 상반된다면 어떻게 하겠습니까?

- 기대에 미치지 못하는 직원은 어떻게 처리하겠습니까?

- 상사가 긴급한 고객 문제를 처리하기 위해 자리를 비우면서 자기가 돌아오기 전에 처리해야 하는 프로젝트를 맡겼다. 이 프로젝트는 사장님의 관심 사항이다. 처음에 상사가 프로젝트에 관해 브리핑할 때는 별로 어려워 보이지 않았는데, 실제로 프로젝트를 진행해 보니 생각보다 쉽지 않다. 상사와는 연락도 안 되고 예정된 프로젝트 완료 시간이 임박한 상황이다. 이런 상황에 어떻게 대처하겠습니까?

- 어떤 고객이 월요일에 제품 수리를 의뢰했다. 고객에게는 수리가 간단하니까 화요일 오후 3시까지 수리가 끝날 것이라고 말했다. 고객이 화요일 오후 4시에 방문했는데 수리가 아직 완료되지 않았기 때문에 고객이 아주 기분이 상했다. 자신이 고객 서비스 관리자라면 이 상황을 어떻게 처리하겠습니까?

- 동료 직원 한 명과 공동으로 프로젝트를 진행하게 되었다. 두 사람이 합의하여 업무를 분담하였는데, 동료 직원이 자신이 맡은 업무를 제대로 수행하지 못했다. 이런 상황에 어떻게 대처하겠습니까?

- 당신은 어려운 문제 처리를 전담하는 태스크포스 팀cross-functional team의 일원이다. 팀원들은 의견이 다양하고 때로는 자신의 의견이나 입장을 강하게 표출하기도 한다. 그런데 당신은 다른 팀원 한 명과 계속적으로 갈등을 일으키고 있다. 당신

은 어떻게 그 직원과 원만한 업무 관계를 유지하면서 팀의 목
표를 달성하겠습니까?

상황 면접의 장점은 무엇일까? 대개의 경우, 적절한 모범 답안을
미리 만들어 놓고 이를 기준으로 지원자의 답변을 평가하는 것은
비교적 쉬운 일이다. 예컨대 면접 시에 까다로운 고객에 대응하는
6단계 과정을 묻는 질문을 한다면, 현재 조직 내에서 실제로 사용
되는 고객 대응 과정을 기준으로 지원자의 답변을 평가하면 된다.
이런 방식으로 지원자의 답변을 평가해서 판단하는 것은 비교적 쉬
운 일이다. 전체 6단계 가운데 두 단계만 일치하는 지원자, 그리고
여섯 단계가 일치하지만 두 단계는 순서가 바뀐 답변을 하는 지원
자, 또는 여섯 단계가 모두 일치하면서 순서도 정확한 지원자에 대
한 면접 평가는 각각 다르게 마련이다.

이런 유형의 질문은 경험은 적지만 폭 넓은 지식을 가진 신입 사
원의 면접에 적합하다. 이를 통해 지원자가 특정 상황에 대한 대응
능력이 있는지를 판단할 수 있다.

상황/가정 면접 질문의 문제점

가정 면접 질문 방식에 관해 주로 제기되는 문제점은 사람들의
말과 행동이 실제로 일치한다는(즉 언행일치) 전제를 바탕으로 한다
는 것이다. 하지만 실제로는 항상 언행이 일치되는 법은 없다. 예컨
대 필자는 약 15년 동안 직무 기술 중심의 갈등 관리 프로그램skill-
based conflict manage-ment program을 담당해 왔는데, 잘 훈련된 원

숭이라면(물론 훈련 안 된 원숭이라도) 충분히 처리할 수 있는 간단한 프로그램이었다. 그런데도 보고서를 올리라고 부하 직원에게 세 번이나 지시했는데도 아직도 제출되지 않았다면, 과연 필자는 부하 직원을 어떻게 판단해야 할까?

대개 정신이 딴 데 팔려 있거나 시간이 턱없이 부족해서 그럴 수도 있겠지만 그렇지 않고 한가할 때조차 무슨 일을 어떻게 처리해야 할지 잘 알고 있으면서도 누가 시켜야만 일을 하게 되는 현실은 참으로 한심할 따름이다.

어떤 채용 담당자들은 "이런 프로그램이나 기법을 활용한 실제 사례를 들어 보세요."라고 추적 질문을 하면 위와 같은 괴리를 극복할 수 있다고 생각한다. 그러면 과연 어떤 답변이 나올까? 거의 십중팔구 채용 담당자들이 미리 만들어 놓은 답변에 토씨 하나 틀리지 않는 완벽한 답변이 나올 것이다. 그렇다면 지원자들이 사전에 연습을 한단 말인가? 물론 그럴 수도 있겠지만, 그냥 '채용 담당자들이 원하는' 모범적인 답안을 잘 포장해서 채용 담당자에게 공손히 바치는 일에 지원자들이 좀 익숙한 것일 수도 있다.

난해한 면접 질문

최근에 크게 주목을 받고 있는 세 번째 유형의 면접 질문은 마이크로소프트 사가 '새롭게 개발한' 난해한 면접brainteaser interview 질문으로서, 수 년 동안 많은 첨단 기업체에서 도입하여 활용한 것이다. 이 유형에 속하는 질문들은 다음과 같은 것들이다.

- 만약 미국의 50개 주 가운데 하나를 없애 버린다면 어떤 주를 없애 버릴 것이며, 그 이유는?
- 하키장에 있는 얼음 전부의 무게는 얼마나 될까요?
- 미국 내 모든 도로 주행을 좌측 주행으로 바꾸는 프로젝트의 책임을 맡게 된다면 어떻게 관리하겠습니까?
- 맨홀의 뚜껑은 왜 둥근 모양일까요?
- 저울이 없다면 비행기의 중량을 어떻게 측정하겠습니까?

난해한 면접 질문 기법의 지지자들에 의하면, 이런 유형의 질문을 통해 다음과 같은 정보를 얻을 수 있다고 한다.

- 스트레스를 이겨 내면서 업무를 수행할 수 있는 능력은 어느 정도인가?
- 지원자가 활용한 문제 분석 과정은?
- 지원자가 얼마나 창의적이거나 혁신적인 해결책을 생각해낼 수 있는가?
- 얼마나 지적인가?
- 예상치 못한 도전이나 어려운 문제에 어떻게 대응하는가?

난해한 면접 질문 기법의 장점은 무엇일까? 전문 기술직의 인력 채용을 위해 대학을 갓 졸업한 지원자를 면접할 때 난해한 면접 질문을 고려해 볼 수 있다. 이런 방식을 통해 실무 경력이 부족한 지원자의 분석적 사고 능력을 평가할 수 있는 기회를 얻을 수 있다.

또 하나의 잠재적인 장점(물론 이런 장점에 바탕을 두지는 않음)은 이 기법의 질문(물론 지원자가 이런 종류의 정신 운동을 즐긴다고 가정함)에 내재된 오락적이면서 혁신적인 특성에 대한 지원자의 반응을 살펴볼 수 있다는 사실이다. 또한 면접 위원이 지원자의 사고 과정을 들여다보는 기회도 된다.

난해한 면접 질문 기법의 문제점

『후지산을 어떻게 옮길까How Would You Move Mount Fuji?』의 저자인 윌리엄 파운드스톤William Poundstone과 같은 사람이 "이런 수수께끼 같은 질문들로 사람을 판단하지 않는다면, 악수할 때의 손아귀 힘이나 옷차림같이 개연성이 훨씬 적은 사실들을 근거로 판단해야 할 것입니다."라고 하는 말에 솔깃하여 공감한다고 해도 상관없다.

하지만 태드 피터슨Thad Peterson의 몬스터닷컴Monster. com 기사에 나왔듯이, '면접 고문 도구'인 난해한 면접 질문 기법을 다양한 업계에서 면접 방식으로 채택했지만 대다수의 경우 별로 효과가 없다고 윌리엄 파운드스톤도 지적하고 있다.

이 면접 방식의 지지자들에 의하면, 난해한 면접 질문을 통해 지원자의 '합리적'이고 '논리적'인 사고, 계획, 문제 해결, 의사 결정 능력이 분명하게 드러날 뿐 아니라 총명함과 사고방식도 알 수 있다. 또한 일부 전문가들에 의하면 지원자의 정보 수집 방식도 알 수 있다고 한다.

아울러 이런 유형의 질문은 지원자가 사전에 연습하지 않은 상태에서 창의적이면서 독창적인 답변을 할 수 있도록 유도한다는 점이

이 면접 방식을 선호하는 사람들의 주장이다. 아직까지는 이런 주장의 타당성이 인정받고 있지만, 아마 얼마 지나지 않아서 그러한 근거를 잃게 될 것이다. 왜냐하면 이런 유형의 수많은 질문에 대한 '모범' 답안(예컨대 선호되는 사고 과정)이 제공되는 책이나 인터넷 사이트가 크게 늘어날 것이기 때문이다. 이런 면접 기법을 사용하는 회사의 면접에 해당 질문의 모범 답안을 알고 참여하는 지원자들의 숫자가 순식간에 크게 증가할 가능성이 크다.

다음과 같은 재미있는 상황이 벌어질 수도 있다.

> 면접에서 지원자에게 난해한 질문을 한다. 지원자는 질문에 대한 '모범' 답안을 알고 있지만, 면접 위원은 그것을 모른다. 당장 일자리가 급한 지원자는 질문을 받고는 생각하는 '척' 하면서 질문에 답변한다.

면접 위원은 지원자가 질문에 대한 답변을 이미 알고 있는지 또는 질문에 대한 '모범' 답안을 생각해낼 만큼 총명한지를 결코 알 수 없을 것이기 때문에, 과연 이런 질문의 유효성에 대하여 의문을 제기할 수조차 있겠는가?

필자는 면접에서 지원자의 능력과 창의력을 파악하는 것이 중요하다는 사실에 이의를 제기하려는 것은 아니지만, "시카고에는 피아노 조율사가 얼마나 되는가?"라는 질문에 대한 답변을 통해 지원자가 직책에 필요한 능력과 역량 또는 지식을 갖추고 있는지를 판단하는 것이 가능한지는 여전히 매우 의심스럽다. 물론 추정이나 가정은 가능하겠지만, 정말로 이런 식의 채용 방법을 원하는 사람이 있을까?

난해한 면접 질문을 해결(올바른 답변이나 면접 위원이 좋아할 만한 답변)하는 능력을 보면, 지원자의 독창성과 영민함은 물론이고 정신적인 민첩성까지도 파악할 수 있을 것이다. 이러한 특성들이 해당 직책에 적합한 능력을 입증하는 것인지 여부는 확실하지 않다. 필요한 적성이 창의적인 발상이라면 이런 방식이 유효하겠지만, 문제 해결 능력이라면 별로 효과가 없을 것이다. 대체로 난해한 면접 질문 해결 능력이 반드시 직무 수행 능력을 보장하는 것은 아니다.

요약

결론적으로, 앞서 언급한 세 가지 유형의 면접 질문들이 계속 사용되는 이유는 대개 면접을 요청받은 대다수 관리자들이 자신들이 면접 위원으로서 뛰어난 자질을 갖추었다고 거리낌 없이 말한다는 사실이다. 지원자의 답변을 듣고 '본능적으로 파악하는 능력' 이 뛰어나며 상대방이 "지금 솔직하게 말하고 있는지"를 "본능적으로 파악할 수 있다"고 말한다. 심지어 언젠가 서비스 회사에서 근무하는 한 간부는 대기실에서 기다리는 사람의 태도만 봐도 쓸 만한 사람인지 아닌지 단번에 알 수 있다고 정색을 하면서 말하더라는 것이다.

많은 채용 관리자들은 지원자가 개인적인 시간을 어떻게 보내는지 또는 최근에 읽은 책은 무엇인지 등과 같은 질문을 통해서도 사람을 정확히 판단할 수 있다고 단언한다(필자가 만났던 채용 담당자들은 지원자들의 답변을 통해 파악한 내용들에 관해서만 계속 떠들어 댔었다).

일부 채용 관리자들은 자신들이 거의 '완벽한 직관'을 가지고 있다고 주장하기도 한다. 어떤 업계의 한 관리자는 필자에게 자신은 "1마일 밖에서도 좋지 않은 지원자를 판단할 수 있다."고까지 했었는데, 이 업계의 평균 이직률이 약 10% 정도일 때 이 관리자가 소속된 부서의 이직률은 25%나 됐었다. 안타까운 현실은 '본능적으로 파악하는 능력'이나 '완벽한 직관'에 의한 채용 결과가 별로 좋지 않다는 것이다. 능력이나 경력이 좋은 사람보다는 채용 관리자와 유사점이 많거나 면접을 잘 치르는 사람이 채용되는 경우가 더 많다.

결론적으로 전통적 면접, 상황적 면접, 난해한 면접 질문에는 모두 단 한 가지 문제점이 있다. 즉 지원자의 직무 수행 능력을 평가하는 근거 자료로서 유용한 구체적인 행동에 대한 정보를 간과한다는 것이다. 다음 장으로 넘어가기에 앞서 분명히 짚고 넘어가야 하는 중요한 사실이 하나 있다. 면접 및 채용 과정 개선을 위해 이 세 가지 면접 질문들을 모두 폐기하자는 것이 아니다(너무 급작스러운 것은 좋지 않다). 앞서 언급된 질문들 가운데 일부라도 꼭 사용해야 한다면, 다음 세 가지 사항을 염두에 두는 것이 바람직하다.

1. 이런 질문들을 판단의 핵심 근거로 사용하기보다는 참고 자료로만 활용한다.
2. 모든 지원자에게 똑같은 질문을 한다.
3. 유효성, 예측 가능성, 자기 합리성(원활하게 진행되는 경우)이 뛰어난 방식인 앞으로 소개하는 역량중심 행동면접 방식을 판단의 근거로 사용한다.

02 역량중심 행동면접의 정의, 시기, 목적

면접의 목적은 주로 지원자의 업무 수행 능력을 판단하기 위한 것이다. 이러한 면접시험에 합격하기 위해 지원자가 갖추어야 할 세 가지 조건은 다음과 같다.

1. 숙련된 기술 및 지식
2. 숙련된 기능 및 능력
3. 직책 수행 역량의 숙련도

대부분의 면접에서는 앞의 두 가지 조건만을 중시하고 역량의 숙련도는 고려하지 않는 경우가 많다.

전국 소매 체인의 지역 담당 관리자인 길리언(Gillian)은 점포 관리자를 채용하기 위해 피터(Peter)를 면접하면서 쾌재를 부르지 않을 수 없었다. 피터가 예산 운용에 대한 충분한 경험을 갖고 있었기 때문이었다. 피터는 수년 동안 스케줄을 관리한 경험도 있었고 껄끄러운 휴일 업무 관리도 훌륭하게 수행해 냈으며, 바로 이전 직장에서는 줄곧 같은 인사/급여 설계 업체와 거래를 유지했다. 비즈니스 및 재무에 대한 지식은 흠잡을 데 없을 정도로 탁월했다. 몇 가지 드러난 사소한 문제점들은 사내에서 실시하는 신규 점포 관리자 연수(New Store Manager Training) 과정을 이수하면 해결될 것 같았다. 피터가 새로운 직장을 찾는 유일한 이유는 현재의 직장까지 출근하는 데 1시간씩이나 걸리는 장시간 통근이 지겨워졌기 때문이었다.

이 경우와 같이 "믿을 수 없을 만큼 너무 좋다 보면 사실 더 믿기 어려울 수도 있다."라고 생각할 수도 있을 것이다. 사실 그렇다. 길리언에 대한 당초의 부푼 기대는 고작 1개월 만에 걱정으로 바뀌었고, 또 1개월이 지난 후에는 완전히 실망하지 않을 수 없었다.

피터가 신규 점포 관리자 연수 과정을 이수한 후 점포에서 근무한 지 약 1개월쯤 지났을 무렵부터 피터에 대한 고객들의 불만이 전화와 이메일과 편지를 통해 길리언에게 전달되기 시작했다. 고객들의 불만은 피터가 무례하고 냉소적이며 잘난 척한다는 것이었다. 피터가 점포를 맡은 지 1개월도 채 지나지 않아 장기근속 점원 두 명이 사직하면서 보수 문제로 회사를 그만둔다고 퇴직자 면접에서 말했다. 그리고 얼마 지나지 않아서, 다른 점원들도 점포를 떠나기 시작하면서 그 점포의 이직률은 다른 점포의 두 배까지 달했다.

길리언은 과거에 활용해 본 적이 있으며 그 점포와 점원들에 관해 잘 알고 있는 비밀 쇼핑객(secret shopper)을 해당 점포에 들여보냈다. 그 비밀 쇼핑객은 점원들의 사기가 바닥까지 떨어진 상태라는 것이 온몸으로 느껴졌다고 보고했다.

그러면 무엇이 잘못된 것일까? 조직에서 흔히 볼 수 있는 것처럼, 길리언이 기술적·기능적인 능력만 갖춘 사람을 채용했던 것이 실수였다. 안타까운 사실은 피터가 면접에서 '갈등 관리', '고객 존중 경영', '높은 성과의 팀 구축' 등의 성공적인 점포 운영을 위해 요구되는 필수적인 자질에 관해서는 검증받지 않았다는 것이다. 만약 면접에서 이런 능력을 검증했다면 아마도 피터는 채용되지 않았을 것이다.

거의 대부분의 경우에 뛰어난 직원을 보통 직원과 구별 짓는 유일한 요소는 해당 직책에서 요구되는 필수 자질을 발휘하는 능력이다. 기술적·기능적 측면 이외에 해당 직책에서 요구되는 역량을 확실히 규정한 다음에 면접을 실시한다면 면접의 효과는 더욱 클 것이다.

역량중심 행동면접의 정의

역량중심 행동면접competency-based behavioral interview-ing(CBBI)을 정의하기에 앞서 역량의 개념을 정의하는 것이 중요하다. 요컨대 역량은 일정한 업무 상황에서 예상되는 성과를 보여 주는 행동(숙련도 및/또는 능력)이나 일련의 행동들이다. 업무 상황이란 조직 전체, 특정 부서(회계, 인사, 운영 등), 직급(고위 관리자, 중간 관리자, 전문가 등) 또는 특정 업무에 따라 결정되는 상황 조건을 말한다. 제대로 개발된 역량은 조직의 전략적 계획, 비전, 사명, 목적을 지원하는 데 필요한 행동의 기준이 될 뿐만 아니라 직책 수행의 성패를 결정하는 기준이 된다.

역량은 기술적·기능적 숙련도 및 지식, 교육, 경험 등과 같이 특정 직책에서만 요구되는 능력 조건들과는 구별된다. 예컨대 어떤 직책에 필요한 사람을 모집하면서 조직 관리 경력 5년을 요구하는 것과, 다양한 인력으로 구성된 조직의 관리 경력 5년을 요구하는 것은 다르다. 두 번째 경우라면 5년의 관리 경력 외에도 '다양성을 포용하는' 역량이 갖춰진 지원자가 필요할 것이다.

역량중심 행동면접은 체계적인 역량 평가 면접 프로그램으로서, 거의 예외 없이 다음과 같은 전제들이 적용된다.

> 미래의 성과나 행동을 예측하는 최선의 지표는 과거의 성과나 행동이다.
> 그리고
> 성과/행동이 보다 최근의 것일수록, 해당 성과/행동이 반복될 가능성이 높다.

역량중심 행동면접(CBBI)에서 묻는 질문들은 직책에서 요구되는 역량과 관련되는 실제 상황을 바탕으로 하기 때문에, 잠재적이거나 가능한 성과/행동보다는 실제적인 성과/행동에 근거하여 평가가 이루어진다. 따라서 수집된 지원자 정보를 바탕으로 지원자가 해당 직책에서 발휘할 성과 및 행동을 예측하는 측면에서 보면, 이 면접 방식이 다른 면접 방식보다 우수하다는 결론에 이르게 된다.

CBBI 방식에서는 지원자에게 특정한 역량이 있는지를 묻기보다는(십중팔구 "그렇습니다"라고 답변할 테지만) 지원자 자신이 해당 역량을 실제로 발휘했던 사례를 말해 보도록 하기 때문에 실제 경험 사례를 통해 자신의 역량을 제시해 보여 주는 지원자에게 점수를 더 주게 된다.

여기에 해당하는 일반적 질문들은 다음과 같다.

면접 위원: 이 직책은 스트레스를 많이 받는다고 미리 말했습니다. 당신은 스트레스를 어떻게 관리합니까?

지원자: 직전에 근무했던 직장 두 군데에서도 모두 스트레스가 많았습니다. 실제로 저는 스트레스를 받는 상태에서 최고의 업무 성과를 냅니다. 저는 스트레스를 회피하기보다는 오히려 유리하게 활용하는 방법을 경험으로 터득했습니다. 가장 효과적인 스트레스 관리 방법 두 가지는…

이 사례에서 지원자의 답변을 듣고 지원자의 스트레스 관리 능력을 어떻게 알 수 있을까? 지원자가 두 가지 스트레스 관리 방법을 알고 있다는 것 이외에는 알 수 있는 정보가 별로 없다. 지원자가 실제로 두 가지 스트레스 관리 방법이 있는지도 불확실하다.

이 지원자에게는 어떤 것이 스트레스가 될까? 그렇다. 종이에 손가락을 베어 상처가 났어도 근무를 계속해야 한다는 것이 아주 큰 스트레스일 수 있다.

만약에 CBBI 방식을 활용한다면, 면접 위원은 이렇게 말할 것이다.

면접 위원: 어떤 업무나 프로젝트를 수행하면서 스트레스를 아주 많이 받았던 경우에 대해 말씀해 보세요.

이쯤 되면 지원자가 실제로 스트레스를 어떻게 처리하는지 그리고 어떤 것들로 스트레스를 받는지 확실히 파악하게 될 것이다. 직책에서 요구되는 역량 조건이나 조직 문화에 비추어 지원자를 평가할 때 이 질문을 심층probing/추적follow-up 질문과 함께 사용하면, 일반적인 질문에 대한 답변을 토대로 평가할 때보다 더 많은 정보를 얻을 수 있을 것이다. 즉 지원자가 상황 면접에서와 같이 그냥 질문에 답변만 하기보다는 오히려 실제 체험을 통해 답변하도록 유도하는 것이다.

역량중심 행동면접과 다른 면접 방식의 차이점

역량중심 행동면접(CBBI) 방식은 1장에서 설명한 세 가지 면접 방식과 적어도 일곱 가지 이상의 차이점이 있다.

첫 번째, CBBI는 직무, 직능이나 조직 분석을 시작으로 하여 여러 과정을 거쳐 역량이 결정되도록 설계되어 있어 CBBI에 사용되는 모든 질문에 대한 초기 분석 내용을 사후에 다시 추적해 볼 수 있다. 따라서 모든 질문의 목적과 면접 프로그램(및 해당 직책)에 대한 기여도를 간결하면서도 명확하게 설명할 수 있다. 이러한 연계 방식 때문에 특정 직무/역량 관련 정보를 얻을 수 없는 질문이나 관련성이 없는 질문은 하지 않게 된다.

두 번째, 면접 질문들은 직책의 성공적인 수행을 위한 역량과 직접적인 관련성이 있는 질문들로 이루어진다. CBBI에서는 각 면접 위원들이 각 지원자별로 유사한 질문들을 한다. 그렇다고 해서 지원자의 경험을 더욱 자세히 알아보거나 지원자가 말하거나 넌지시 표현한 것을 보다 명확하게 확인하는 것이 전혀 불가능한 것은 아니다. 단지 첫 질문들만 모든 지원자에게 동일할 뿐이지, 추적 질문이나 심층 질문들은 지원자별로 다른 경우가 많다는 것이다.

세 번째, 면접 위원들은 CBBI 과정에 관한 전문교육을 받게 되는데, 이를 통해 자신감을 얻고 지원자의 답변을 듣고 파악하는 능력도 갖추게 되므로 객관성 있는 결정을 내릴 가능성이 높아진다.

네 번째, 면접 과정에 주관적인 판단이 개입되지 않도록 하기 위해 평가 기준이 제공된다. 역량의 평가 등급이 분명하게 정해지면, 지원자의 역량 평가에 관한 면접자들 간의 논쟁(또는 논의)도 줄어들 것이다.

다섯 번째, CBBI 면접 질문들은 '실행할 수도 있는might do' 행동보다는 오히려 현재와 과거의 실제 행동에 초점을 맞춘다. 대부분의 전통적 면접 상황에서 지원자는 대개 "만약 X 상황이 발생하면, Y 과정에 따라 처리할 것이다."라고 말할 것이다. 하지만 해당 처리 과정을 실행하라는 지시를 실제로 받았을 때 자신이 말한 그대로 실행할지는 확실히 장담할 수 없는 일이다. 그러나 CBBI 방식에서는 지원자가 면접 위원들에게 자신이 실제로 실행했거나 실행하지 않았던 사실을 정확하고 분명하게 말하게 된다. 예컨대 고객 서비스 담당자를 채용하는 경우를 생각해 보자. 전통적 면접 방식에서는 면접 위원이 "과거에 까다로운 고객들을 상대해 본 적이 있습니까?"라고 물을 것이다. 상황 면접 방식에서는 까다로운 고객을 대하게 되는 상황을 제시하고, "이런 상황이 발생한다면 어떻게 대처하겠습니까?"라고 묻는다. CBBI 방식에서는 직책에 요구되는 역량을 알아보는데, 그중 하나가 '고객 중심customer focus 업무 수행'이다. 그렇다면 이런 질문들이 될 것이다. "자신이 겪었던 가장 까다로운 고객에 대해 말해 보세요." 이 질문에 대한 지원자의 답변에서 전통적 또는 상황 면접 방식으로는 얻을 수 없는 두 가지 정보를 얻을 수 있다.

우선, 지원자가 어떤 고객을 아주 까다롭다고 생각하는지 알 수 있다. 면접 위원이 생각하는 아주 까다로운 고객이란 대개 악명 높은 훈족의 왕 아틸라(4~5세기 유럽을 정복한 악명 높은 훈족의 왕 — 옮긴이) 정도는 비교도 안 될 정도로 까다로운 고객이라고 해 보자. 이 면접 위원이 지원자에게 자신이 생각하는 '아주 까다로운 고객'에 대해 물어보면, 그가 마치 영국 여왕(사실은 그다지 까다롭지 않은)만큼이나 대하기 까다로운 고객에 관한 이야기를 늘어놓을 경우, 이 지원자는 직책을 수행하면서 겪게 될 고객의 격렬한 반응에 제대로 대처하지 못할 것이 거의 분명하다.

두번 째로, 지원자의 답변을 들어보면 과거에 까다로운 고객에게 어떻게 대처했는지 알 수 있다. 대개의 경우, 특히 지원자가 언급한 까다로운 고객에 대한 사례가 최근의 일일수록, 앞으로도 그 사례와 비슷한 방식으로 까다로운 고객을 대할 가능성이 높다.

여섯 번째, CBBI 면접 방식에서는 모든 지원자들을 동일한 기준에 의해 평가하므로 지원자들 간의 비교가 더욱 수월하다. 이 기준은 면접 프로그램의 처음 시작 단계에서 진행되는 분석 작업을 통해 만들어진다. 먼저, 이력서의 내용을 기준으로 지원자들 평가한다. 그 다음, 이력서 평가를 통해 선발된 지원자들을 전화심사 면접 기준telephone screening interview criteria에 의해 평가한다. 마지막으로, 전화심사 면접 기준을 통과한 지원자들에게 면접 심사에서 동일한 질문을 제시하여 동일한 역량을 기준으로 평가한다.

일곱 번째, CBBI 면접 방식에서는 오직 직무와 관련된 역량에만 중점을 두기 때문에 애매한 질문에 대한 답변을 통해 지원자의 문제 해결 능력(또는 다른 능력)을 직관적으로 파악하려 하지는 않는다. 기술적·기능적 능력이 갖춰진 사람을 최적임자로 보지는 않는다. CBBI에서는 인력 채용을 위한 다차원적인 접근 방법을 택한다. 우선 기술적·기능적 지식, 숙련도 및 능력을 통해 대상자들을 압축한 다음, 집중적인 전화심사 면접을 통해 중요하게 판단되는 능력(대개 이력서에 나타나지 않는 전문적인 기술 및 기능과 기본 역량)을 갖춘 지원자들을 선별한다. 마지막으로, 면접 프로그램을 통해 성공적 직책 수행에 필요한 역량을 중심으로 해당 직책의 최적임자를 결정한다.

요컨대 CBBI 면접 방식에서는 조직 및 직책에서 직무를 잘 수행해 내는 데 필요한 역량을 효과적으로 적절히 활용하는 능력을 면접 과정에서 명확히 파악할 수 있도록 실제적이고 사실적인 증거를 수집할 수 있다. 따라서 다음과 같은 정보가 수집된다.

1. 지원자의 직책에 필요한 역량 보유 여부
2. 해당 역량에 대한 지원자의 숙련도
3. 지원자가 숙련된 역량을 장래에 실제로 발휘하게 되는 방식

역량중심 행동면접으로의 전환

면접의 유형을 전통적 · 상황적 또는 난해한 질문 면접 방식에서 역량중심 면접 방식으로 전환하는 과정은 좀 번거롭지만, 직책에 요구되는 역량이 바뀔 때까지는 역량중심 면접 방식이 계속 이용될 것이다. 만약 분기별로 특정 직책에 대한 면접을 실시한다면, 해당 직책에 요구되는 역량이 바뀔 때까지는 매번 동일한 면접 방식을 활용할 수 있다. 직책에 요구되는 역량이 부분적으로 변경되더라도, 아무 것도 없는 상태에서 처음부터 다시 시작하는 것보다는 면접 프로그램의 일부를 적절하게 바꾸어 주기만 하면 된다.

면접 유형을 변경하려면 여섯 단계를 거쳐야 한다.

1단계: 역량 모델을 위한 구조 결정

첫 번째 단계에서는 여러 가지 역량 모델 접근 방법들을 검토하고 자신의 조직 문화 및 가치에 가장 적합한 접근 방법을 결정한다. 조직의 역량을 수립하는 방법에는 기본적으로 다섯 가지 접근 방법

이 있다.

접근 방법 1: 조직 전반 공통 역량

이 접근 방법은 조직의 전략적 방향과 맞물려 조직의 모든 구성에게 적용된다. 조직 전반 역량 모델의 핵심이 되는 질문은 "회사의 미션과 전략적 계획을 달성하기 위해 모든 구성원들이 갖추어야할 핵심 역량은 무엇인가?"이다. 이 질문에 대한 답변들은 역량 모델 개발의 기초로 활용된다.

이 접근 방법의 장점은 요구되는 역량 수준이 서로 다르더라도 조직의 모든 구성원들이 역량의 공유를 통해 하나로 결합된다는 것이다. 한편 단점으로는 역량의 개념이 너무 포괄적이고 미약하기 때문에 구성원들이 자신들의 일상적인 업무에서 역량이 차지하는 중요성이나 가치를 이해하지 못하는 것이다.

접근 방법 2: 누적 역량

이 접근 방법은 조직의 구성단위별 각 구성원에 대해 누적적으로 요구 역량군(群)을 설정한다. 그래서 조직 구성원의 직급 수준이 높아질 때마다 부가 역량이 추가된다. 예컨대 감독자supervisor는 모든 조직 전반 공통 역량 이외에 감독자의 역량이 추가되고 관리자manager는 모든 조직 전반 공통 역량 및 감독자의 역량 이외에 관리자의 역량이 추가된다.

이 방법은 일반적으로 조직 역량 모델을 구축하는 데 소요되는 시간이 가장 적은 접근 방법이다(조직의 최하층부터 최상층까지 단 하나의 역량군이 적용되는 경우가 아니라면). 또한 공유되는 역량군을 통해 조직의 모든 계층이 결합된다. 하지만 일단 한 사람이 최고 관리층에 이르게 되면 너무 많은 역량이 한 사람에게 요구되는 결과를 초래할 수 있다.

접근 방법 3: 계층별 역량

이 접근 방법에서는 조직의 각 계층별로 요구되는 고유한 역량군(群)을 찾게 된다. 이 접근 방법에서 가장 보편적으로 이용되는 계층 구분은 다음과 같다.

- 시간제 근무자
- 사무/전문직
- 감독자 계층
- 관리자 계층
- 경영자 계층

이 접근 방법은 때때로 누적 역량 접근 방법에 비해 다소 시간이 많이 소요되지만, 이 방법을 택하는 이유로는 두 가지를 들 수 있다. 첫째, 어떤 특정 직책보다는 해당 계층별 직책 수행에 필요한 고도의 잠재 역량을 단계적으로 파악하는 데 있다. 또 한 가지 장점은 누적 역량군 접근 방법보다 실제 관리가 가능한 개수의 역량을 더 빨리 수립할 수 있다는 것이다.

이 접근 방법의 가장 큰 맹점은 계층별로 따로 수립한 결과를 취합하다 보면 조직 전체적으로 공통된 핵심 역량이 부재할 수 있다는 사실이다. 이로 인해 일부 조직에서는 보완된 접근 방법을 활용하는데, 여기에는 4~6개의 조직 전반 공통 역량군과 조직 계층별로 4~7개의 부가적 역량이 있다.

접근 방법 4: 직무 및 부서별 역량

이 접근 방법에서는 조직의 각 직무 또는 부서별로 역량이 마련된다. 대상 직능이나 부서의 모든 사람들은 조직에서의 직급이나 직책에 관계없이 동일한 역량을 설정하되 역량에 요구되는 숙련도가 직책별로 다르다는 사실을 감안하여 성과 검토서performance review form 상의 각 역량에 가중치 요소를 적용할 수 있다(예컨대 '지속적 개선' 역량의 숙련도 경우에 신입 사원보다는 관리자에게 더 높은 가중치가 주어진다).

비록 이 접근 방법에 소요되는 시간이나 이를 통해 얻게 되는 가치는 조직에 따라 크게 다르더라도, 일부 조직에서는 조직에서의 성공 요건이 계층에 의한 접근 방법보다는 오히려 직무/부서에 의한 접근 방법을 통해 보다 명백하게 정의될 수 있다. 이 접근 방법의 잠재적인 위험 요소는 성공에 필요한 역량에 초점이 맞추어지기보다는 오히려 직무/부서의 업무 및 기술적 측면만을 중시하는 경향이 있다는 것이다.

접근 방법 5: 직책별 역량

이 접근 방법에서는 조직의 각 직책별로 역량이 마련된다. 이 방법이 역량 모델을 만드는 접근 방법들 중에서 가장 시간 소모가 많은 접근 방법이지만 가장 완벽하다. 그 이유는 직책에만 초점을 맞추기 때문이다. 이 접근 방법에서는 특정 조직 계층 내에서조차도 성공적 업무 수행 역량은 직책에 따라 매우 다르게 적용한다. 예컨대 설비관리 감독자Maintenance Supervisor에게 요구되는 역량과 생산 감독자Production Supervisor에 요구되는 역량이 상당히 다르다.

역량 개발에 가장 적합한 '최고의' 접근 방법이 따로 있는 것은 아니다. 성공의 핵심 요소는 분명히 조직이 추구하는 가치와 문화에 적합하면서 조직의 전략적 방향을 뒷받침해 주는 접근 방법을 채택하는 것이다.

2단계: 역량의 결정 및 정의

CBBI 면접 프로그램의 가장 큰 장점들 중 하나는 현재의 직원들이나 미래의 지원자들을 구별하지 않고 성공에 필요한 역량을 정한다는 것이다. 중점을 두는 것은 기술적 · 기능적 및 특수한 직무 능력과 성공적 업무 수행에 요구되는 역량이다.

조직의 역량을 결정하는 접근 방법은 조직마다 다르지만, 본서에서 언급된 역량들을 개별 역량 모델 개발을 위한 기초로 활용하면 된다. 또한 역량 결정의 지침을 제공하는 다양한 툴이 개발되어 나와 있다. 활용 방식이나 접근 방법을 어떻게 결정하든, 명백한 성공적 업무 수행 요소로 작용할 수 있는 역량이 필요하며 개인 및 조직의 성공에 매우 중요한 것이 역량이다.

아울러 역량을 정의하는 방법도 조직에 따라 다양하다. 어떤 관점으로 역량을 정의하느냐에 따라 일반적 역량이 조직 고유의 역량으로 재정의된다. '영향력influencing'이라는 역량에 대한 정의들 몇 가지를 살펴보자.

- 결과 지향적인 아이디어를 동료와 고위 관리자들에게 제시한다. 다른 사람들이 제시된 아이디어를 적극적으로 지지하면서 협력하는 관계를 구축한다.
- 다른 사람들을 설득할 수 있다. 의견 교환을 통해 합의를 이루어 낸다. 다른 사람들의 협력을 얻어 정보를 수집하고 목적을 달성하며, '윈 – 윈win-win' 상황을 만들어 낸다.
- 적절한 대인 관계를 통해 사람들을 개별적으로 설득하여 제시된 아이디어와 계획을 수용하게 한다.

조직의 역량에 관한 정의들이 유사하더라도, 개별적인 정의의 초점은 약간씩 다르다. 이런 변수가 조직 역량 평가 기준 및 해당 면접 질문들에 영향을 준다. 그러나 조직의 역량을 정의하는 방법에 관계없이 항상 '시험 테스트acid test'를 거치게 되는데, 테스트가 요청되면 임의로 선발된 직원들이 특정 역량들에 대해 기본적으로 동일한 방식으로 정의하게 하여 이미 수립된 역량에 대한 타당성을 검토한다.

역량을 확립할 때 한 가지 고려해야 하는 점은 방법에 관계없이 직책과 조직의 장래를 주도할 역량에 중점을 두는 것이다. 예컨대 내구성이 우수한 생산 라인 덕분에 수년간 특별히 혁신의 필요성을 느끼지 못한 회사를 가정해 보자. 지금 이 회사에서는 모든 계층에 걸쳐서 혁신을 요구하는 시장 변화를 느끼고 있기 때문에, 결국 회사 전반에 걸쳐서 '창의성 및 혁신' 역량을 포함하게 된다.

기존의 직원들에게는 발전의 기회(특별 프로젝트, 연수 프로그램, e 러닝, 읽을거리 등)가 제공되기 시작하며, 창의적이고 혁신적인 프로젝트 및 아이디어의 가치를 인식하고 포상을 실시하기 시작한다. 인재 선발에서도 '창의성 및 혁신' 역량이 CBBI 과정에 추가된다. 결국 회사에서는 '창의성 및 혁신' 역량이 있는 사람들을 채용하기 시작하게 된다. 이제 이 회사는 '창의성 및 혁신'이 핵심 요소가 되는 문화를 만들기 시작한 것이다.

3단계: 면접 질문의 결정

일반적으로 이 단계가 면접 과정에서 가장 힘든 부분이다. 본서를 참고하면 이 단계를 비교적 간단하고 수월하게 통과할 수 있을 것이다. 자신의 역량이 열거된 페이지(3장)로 가서 자신이 그 역량에 대하여 내린 정의를 활용하여 해당 역량에 대한 지원자의 숙련도를 평가하는 면접 질문들을 선택해 보자.

일단 결정된 질문들은 역량이나 역량에 속한 질문을 변경할 필요가 생길 때까지 계속 이용된다. 하지만 이 질문들을 면접 위원들에게 배분하는 방법은 변경될 수 있다. 여기에는 두 가지 변수가 있다. 즉 지원자들을 면접하는 면접 위원들의 인원수와 채용이 결정되기 전에 지원자들이 통과해야 할 면접의 횟수가 변수가 된다.

예를 들어 10개의 역량이 있으며 각각의 역량에 2개씩 질문을 제시하는 경우, 면접 질문은 총 20개가 된다. 만약 두 명의 면접 위원들이 면접에 두 번 참여한 후에 채용을 결정한다면, 한 번의 면접에서 각 면접 위원은 5개의 질문을 하게 된다.

그렇다면 어느 면접 위원이 어떤 역량이나 어떤 질문을 할지 어떻게 결정할까? 우선 첫 번째 면접에서는 '핵심mission critical' 역량과 연관된 질문을 하고, 두 번째 면접에서는 나머지 역량들과 연관된 질문을 하는 것이 한 가지 방법일 수 있다. 그리고 첫 번째 면접에서는 각각의 역량별 1개의 질문을 하고(면접 위원 1명당 5개의 질문을 하게 된다), 두 번째 면접에서는 각각의 역량에 속하는 나머지 1개의 질문을 하는 것이 또 하나의 방법이다.

4단계: 평가 기준의 개발

면접 위원마다 평가가 서로 다르게 나타나는 격차를 최소화하기 위해, 면접 위원들에게 지원자의 답변을 판단하는 평가 기준을 제공할 수 있다. 6장에서는 선택적 평가 기준에 관하여 자세히 설명한다.

5단계: 조직의 면접 형식 구상

조직에서 CBBI 과정을 극대화하려면, 두 가지 면접 형식을 기획해야 한다. 첫 번째는 전화심사 면접 형식이다. 5장에서 전화심사 면접의 목적 및 과정의 개요를 설명한다. 두 번째는 대면 면접 형식이며, 이에 대해서는 6장에서 설명한다.

6단계: 전체 면접자 연수

면접자 연수 및 관리자 채용에 약간의 투자만으로 CBBI 면접 및 선발 과정에서, 그리고 조직 전체적으로 면접자의 능력을 향상시키면서 평가의 오류를 줄이는 효과가 극대화될 수 있다. 연수의 수준 및 세부 사항은 면접을 실시하는 사람들이 면접 툴의 개발에 얼마나 관여하는지에 좌우된다. 연수의 내용에는 적어도 다음과 같은 사항들이 포함되어야 한다.

- 면접의 각 부분에 소요되는 시간
- 직무에 관한 일관된 메시지 개발
- 조직에 관한 회사 차원의 일관된 메시지 제시
- 평가 기준 활용 방법
- STAR 질문에 대한 답변(상황Situation, 과업Task, 행동 조치Action, 결과Results의 약자, STAR에 관한 자세한 내용은 6장 참조) 경청
- 전화심사 면접 형식의 활용 방법
- 대면 면접 형식의 활용 방법
- 부가 정보의 심층 조사
- 합법적 및 불법적 질문 유형
- 기록 작성
- 지원자들에 대한 논의 및 채용 결정 과정

또한 연수의 일환으로 참가자(면접 위원과 채용 담당자)들이 면접 역할 연기role play interviewing를 경험할 수 있는 기회를 주는 것이 중요하다. 이를 통해 참가자들은 CBBI에 관해 깊이 이해하게 되며, 역할 연기를 준비하는 과정을 통해 참가자들이 상세한 직무 관련 정보를 얻을 수 있는 기회를 최대한 갖도록 한다.

역량중심 행동면접으로의 신속한 전환 방법

전통적 면접 또는 상황 면접을 역량중심 행동면접(CBBI)으로 전환하는 경우에 반드시 백지 상태에서 시작할 필요는 없다. 우선 직책에서 요구되는 역량을 파악한 다음에 해당 역량의 중요 사항에 해당되는 행동중심 질문들을 선택하는 것이 가장 좋은 방법이지만, 더 쉬운 방법을 찾을 수도 있다. 즉 전통적 면접 질문들을 선택한 다음에 CBBI 질문(물론 적합한 질문을 선택)으로 전환하는 방법이다. 이러한 전환 작업의 경우, 어떤 경우에는 아주 간단한 반면에 경우에 따라서는 약간의 시간과 노력이 필요할 수도 있다. 표 2-1에서 몇 가지 사례를 들고 있다.

전통적 질문을 CBBI 질문으로 전환하는 것이 꼭 백지 상태에서 시작할 때처럼 무난하게 진행된다는 보장은 없지만, 채용 결정의 근거가 되는 지원자 정보가 더욱 우수하고 정확하고 완벽해질 수 있을 뿐 아니라 행동중심적인(또는 성과와 관련되는) 특성이 강화될 수 있다.

역량중심 행동면접에 대한 이의 제기

의례 그렇듯이, 이 면접 유형에 대해 반론을 제기하는 사람들이 있다. 반론의 주요 내용을 하나씩 살펴보자.

표 2-1 전통 면접 질문과 CBBI 면접 질문

전통 면접	CBBI
화나거나 흥분하거나 격노한 고객을 어떻게 대하겠습니까?	우리 회사의 직원이라면 누구든지 화나거나 흥분하거나 격노한 고객을 만나게 됩니다. 자신이 겪었던 최악의 상황에 대해 말해 보세요.
어떤 사람이 부도덕한 일을 하라고 하면 어떻게 하겠습니까?	자신이 부도덕하다고 생각한 일을 하도록 지시를 받았던 경우에 대해 말해 보세요.
자신이 작년에 내렸던 업무 관련 결정을 변경한다면, 어떤 결정을 변경하겠습니까?	만약 다시 결정할 수 있다면, 다시 처리하고 싶은 업무 관련 결정에 대해 말해 보세요. 왜 다시 결정을 내리고 싶습니까? 다시 결정을 내리고 싶은 마음이 들었다는 사실로부터 어떤 교훈을 얻었습니까?
심리적 압박을 받는 상태에서 어떻게 업무를 수행합니까? 심리적 압박에 어떻게 대처합니까?	업무 중에 스트레스에 대처해야 했던 경우에 대해 말해 보세요. 스트레스를 받는 상황에 제대로 대처하지 못했던 경우에 대해 말해 보세요.
인생이 다시 한 번 주어진다면 무엇을 바꾸고 싶습니까?	만약에 자신이 다시 해 볼 수 있다면 다르게 처리하고 싶은 상황 또는 업무 관련 결정에 대해 말해 보세요.
자신의 의사 전달 능력은 어느 정도이며, 의사 전달 능력을 향상시키기 위해 어떤 노력을 했습니까?	대화를 통한 의사전달에서 자신이 원하는 만큼 성공하지 못했던 경우의 사례를 한 가지 말해 보세요. 이 경험을 통해 의사 전달 능력을 향상시킬 수 있는 교훈을 얻었다면 그것은 무엇입니까?
어떤 유형의 사람들과 함께 일하고 싶습니까 (어떤 유형의 사람들과 함께 일할 때 어려움을 느낍니까)?	가치관이나 신념이 서로 다른 사람들과 함께 문제를 처리했던 일에 대해 말해 보세요.
자신에게는 어떤 것들이 동기 부여가 됩니까?	누구나 자신이 꺼리는 과제를 받을 수도 있습니다. 자신이 이러한 상황에 직면했던 경우의 사례와 자신에게 동기를 부여해서 해당 상황에 대처했던 사례를 말해 보세요.
일의 우선순위를 어떻게 결정합니까?	처리할 업무가 너무 많아서 우선순위를 정해야 했던 경우에 대해 말해 보세요.

여러 사람들이 공동으로 진행하는 프로젝트는 어떻게 진행합니까?	업무 스타일이 아주 다른 사람들과 함께 프로젝트를 수행해야 했던 경우의 사례를 말해 보세요.
자신이 가장 자부심을 갖는 것은 무엇입니까?	과거나 현재의 직책에서 자신이 수행했던 업무 중에서 가장 자부심을 갖는 것에 대해 말해 보세요.
자신이 사용하는 문제 해결 과정은 무엇입니까?	자신이 경험했던 까다로운 문제와 그 문제를 해결한 방법의 사례에 대해 말해 보세요.
자신의 장점은 무엇입니까?	실패할 뻔했던 일을 자신의 한 가지 장점 덕분에 성공했던 경우를 말해 보세요.

1. CBBI 질문은 개발에 시간이 걸린다

사실 CBBI 방식은 역량의 개발 및 정의, 질문의 선택 및 적절한 조정, 평가 기준의 개발을 위해서 다소 시간이 필요하다. 하지만 직무가 변경될 때까지는 이러한 작업을 다시 수행할 필요가 없다. 심지어 직무가 변경되더라도 작업 전체를 통째로 다시 수행하는 것이 아니라 일부분만 간단히 수행하면 된다. 게다가 앞서 언급했듯이, 본서에서는 다른 면접 형식의 경우에 적합한 질문들을 제공하기 때문에 이를 활용하면 새로 만들기 위해 필요한 엄청난 노력과 시간을 절감할 수 있다.

2. CBBI 질문이 유출되면 지원자들이 답변을 미리 연습하게 될 것이다

정보 유출은 언제든지 일어날 수 있다. 이 문제의 해결책으로 최근에 주목받는 방법은 각각의 역량마다 3~4개의 CBBI 질문들을 선택하여 해당 질문들을 주기적으로 순환시키는 것이다. 최악의 경우는 답변을 미리 연습하거나 연습한 것처럼 보이는 경우도 있을 수 있을 것이다. 이런 경우에는 심층 조사 방식의 질문이 훨씬 효과적이다.

대체로 이야기를 꾸며 내기는 비교적 쉬운 일이지만, 심층 질문에 답변을 잘하면서도 그럴 듯하게 이야기를 꾸미는 것은 결코 쉽지만은 않을 것이다. 거짓으로 꾸며서 이야기하는 사람들은 대부분 말투나 제스처 등이 상당히 어색하고 부자연스럽게 된다. 초조한 건지 거짓말을 꾸며 대는 건지 구별하려면, 다른 질문을 해 보거나 방금 했던 질문의 형식을 긍정문에서 부정문으로 바꾸어서(예컨대 "당신이 …을 했던 경우에 대해 말해 보세요."와 같은 형식을 "당신이 …을 하지 않았던 경우에 대해 말해 보세요."와 같은 형식으로 변경) 다시 질문해 보면 된다.

3. 이 방식을 택하면, 면접이 길어진다

물론 그렇다. 그렇다면 다음의 두 가지 중 선택을 해야 한다. 다음과 같은 대안이 마련되어 있다.

선택 A: 신속한 전통적인 면접 방식을 실시한다. 연구 결과를 보면 전통적 면접의 경우, 직무 성과의 예측 가능성은 30% 미만이므로 채용 결정이 잘못 내려질 가능성이 상당히 높은 편이다. 어떤 채용 결정에 따라 연봉의 30~250% 정도까지 채용 비용이 들어간다고 한다. 직원을 잘못 채용해서 다시 채용하는 데 드는 비용을 연봉의 100%라고 가정해 보자(단지 계산상의 편의를 위한 가정). 그러면 구체적으로 예를 들어 보면 연봉이 8만 달러인 직원을 해당 직책에 보충하는 데 8만 달러가 소요된다. 만약 이 직원의 채용이 잘못된 결정이었을 가능성이 70% 이상이라면, 새 직원을 채용하기 위해 다시 동일한 절차를 다시 밟아야 될 가능성이 70% 이상이다. 결과적으로 해당 직책의 인력 채용에 소요되는 비용은 적어도 16만 달러 이상이나 된다(새로 채용한 직원이 해당 직책에 적임자라고 가정하는 경우).

선택 B: 사전에 직책의 요구 사항(기술적 능력, 특수한 능력 및 역량)을 결정하고 능력 및 역량중심 전화심사 면접을 기획하여 실시하며, 검증된 행동 및 역량에 초점을 맞추어 CBBI를 실시한다. 연구에 의하면, 직무 성과 및 예측의 측면에서 이 면접 방식은 전통적 또는 상황적 면접 방식보다 65% 이상 효과적이라고 한다. 연봉 8만 달러인 한 사람을 채용하는 데 연봉의 100%인 8만 달러를 투자하는 것은 동일하지만, 몇 개월 지나지 않아 직원을 다시 채용해야 할 가능성은 훨씬 줄어든다(35% 미만).

일반적으로 전통적, 상황 및 난해한 질문 면접 방식은 진행 속도가 훨씬 빠르지만, 잠재적 소요 비용은 훨씬 크다.

4. 필요한 교육 및 배경 지식을 갖추었고 기술적 숙련도가 높은 사람들을 고용한 후, 교육을 통해 그 사람들을 역량이 뛰어난 인재로 양성할 수 있다

직책에 따라서는 이 말이 사실이지만, 이미 숙련된 역량을 갖춘 인재를 찾아 채용하면 간단할 텐데 굳이 교육을 시키면서까지 채용할 필요가 있을까? 게다가 어떤 역량(예컨대 고객 중심 업무 수행, 프레젠테이션 능력, 문서 작성 등)은 교육이나 실무를 통해 익히는 것이 상대적으로 수월하지만, 어떤 역량들(예컨대 도덕성, 혁신, 조직화, 동기 부여, 공감대 등)은 개발하기가 몹시 어렵다. 또한 '고용한 후 교

육을 실시하는' 방법을 채택하는 경우, 직원이 새로 습득한 직무 기법을 일상적으로 업무에 활용하기까지는 3~6개월이 소요된다는 것을 고려해야 한다. 결국 직원이 만족할만한 업무 수행 능력(역량 뿐만 아니라 기술적 및 기능적 기량)을 갖출 때까지는 상당히 오랜 시간이 필요할 수도 있다.

5. 행동면접은 너무 조직화되어 있어서 지원자의 개성을 제대로 파악할 수 없다

CBBI는 조직화된 과정이며 적합한 면접이 실시될 가능성이 높다 (면접 위원이 면접 프로그램을 제대로 개발하고 따르는 경우). 하지만 면접 위원이 직무 관련 정보를 제대로 수집하지 못할 정도로 조직화되지는 않았다. 면접 위원은 적합한 추적 또는 심층 질문을 자유롭게 할 수도 있고, 대다수 조직에서는 지원자로부터 정반대의 정보도 끌어낼 수 있도록 허용하고 있다.

예컨대 면접 지침Interview Guide의 질문 내용이 "자신이 어떤 사람의 민감한 개인적 상황에 대한 이야기를 진지하게 들어주었던 경우를 말해 보세요."라고 가정해 보자. 면접 위원은 심층 질문을 통해 그 상황에 대해 자세히 알아낼 수 있다. 또한 많은 조직에서는 면접 위원이 "자신이 어떤 사람의 민감한 개인적 상황에 대한 이야기를 제대로 들어주지 않았던 경우를 말해 보세요."라고 정반대의 질문을 하는 것도 허용하고 있다.

그리고 대다수 조직에서는 지원자가 제시하는 관련 역량의 사례들을 면접 위원들이 확인하도록 하고 있다는 사실이 CBBI의 유연성을 보여 주는 또 하나의 사례가 될 수 있다. 예컨대 '팀워크teamwork' 및 '끈기perseverance'를 역량으로 설정한 회사를 가정해

보자. 면접 위원이 지원자에게 '팀워크'에 관하여 질문하면 지원자는 여러 가지 난관들에 직면한 팀원들이 발휘한 끈기에 관해 말한다. 면접 위원은 "지금 난관을 극복하는 팀원들의 끈기에 관해 말씀하셨는데, 그 난관이란 어떤 것이었나요? 그 난관들을 극복하는 과정에서 자신은 어떤 역할을 했습니까?"와 같은 추적 질문을 할 수도 있다.

6. 장시간이 소요되는 행동면접은 제한된 시간 내에 제대로 완료하기 어렵다

그렇다. 이 면접 방법에는 좀 더 많은 시간이 소요되는데, 그 이유는 가정된 답변보다는 실제 행동을 심층 질문을 통해 파악하기 때문이다. 대다수의 면접 대상자들은 가정된 상황에 '알맞은right' 답변을 재빨리 생각해낼 수 있다. 면접 대상자들은 어떻게 해야 할지 잘 알고 있으며, 면접 과정이나 절차를 기억해 두고 있다. 하지만 사람들이란 자신이 말한 대로 꼭 실천하는 것은 아니다. 실제로는 어떻게 행동했는지 판단하는 데는 좀 더 많은 시간이 필요하지만, 이를 통해 지원자가 해당 직책의 적임자인지 여부를 판단하는 데 유용한 많은 정보를 얻을 수 있다.

왜 역량중심 행동면접을 이용하는가?

첫 번째, CBBI는 전통적인 면접 방식보다 더 타당성이 있다. 연구에 의하면, CBBI를 이용하면 전통적인 면접 방식을 이용하는 경우보다 지원자의 잠재 능력 예측이 3~5배나 정확하다. 채용 비용

측면에서 보더라도(혹은 '자질이 부족한bad fit' 직원의 교체), 막대한 비용이 절감되는 효과를 거둘 수 있다.

두 번째, CBBI에서는 과거에 실제로 행했던 행동(그리고 지원자가 반복할 가능성이 높은 행동)에 초점을 맞추므로 지원자의 실제 직무 수행 방법을 보다 정확하게 파악할 수 있게 된다. 이를 통해 채용의 결과가 만족스러울 가능성이 더욱 높아지며, 그 효과는 다음과 같다.

- 생산성 향상
- 이직률 감소
- 사기 진작
- 품질 향상
- 고객 서비스 향상

세 번째, 이 면접 방식은 조직화되어 있어서 면접 위원들이 정상적인 궤도에서 이탈하지 않으면서 의도적이거나 무의식적으로 부적절한 질문을 하게 될 가능성이 최소화된다.

네 번째, 이 면접 방식이 제대로 활용되면 조직은 체계적이고 효과적인 면접 프로그램을 보유하게 된다. CBBI는 조직화되고 객관적이어서 대개는 다른 면접 방식보다 더 합리적인 편이다.

역량중심 행동면접의 주요 장점

조직 관점에서 보면, CBBI의 활용을 통해 다음과 같은 몇 가지 장점을 얻을 수 있다.

- 조직의 비전, 사명, 가치 및 전략적 방향 설정을 지원하는 조직 차원의 체계적인 면접 프로그램이 만들어진다.
- 역량의 관찰 및 측정이 가능해지므로, 성과에 대한 객관적인 자료를 수집하고 평가할 수 있게 된다.
- 직무별로 관련성 있는 적절한 질문만을 하게 된다.
- 채용 결정의 근거가 되는 실제 성과 정보가 개별적으로 수집된다.
- 채용 결정의 공정성 및 객관성이 향상된다.
- 조직 및 직책에 가장 적합한 최적임자를 채용할 가능성이 높아진다.
- 면접으로 인한 법적 문제가 발생할 위험성이 낮아진다.
- 역량별 평가 기준과 함께 활용할 경우, 면접의 객관성이 향상된다.
- 지원자가 사전에 예상하고 기억해 두었던 대로 답변하기보다는 더욱 자연스럽고 정직하게 답변하므로, 지원자가 직책의 성공적인 수행에 필요한 역량을 갖추었는지 여부를 한층 정확하게 판단할 수 있게 된다.

아울러 지원자의 입장에서도 CBBI의 활용을 통해 적어도 두 가지 장점을 확실히 얻을 수 있다.

1. 면접 질문과 직책이 밀접하게 관련되어 있다. 설령 지원자들
   이 행동중심 면접 질문을 좋아하지 않을지라도, 적어도 "만약
   당신이 샐러드라면, 상추 이외에 무엇이 있으면 좋겠습니까?"
   와 같은 질문보다는 행동중심 면접 질문이 더 낫다고 생각할
   것이다.
2. 업무 경력이 많지 않은 지원자라도 누구나 생활 경험은 있게 마
   련이다. 예컨대 대다수의 사람들은 적응성adaptability, 자발성
   initiative 및 의사소통communication 역량이 요구되는 직책에
   관한 면접에서 업무 외적으로도 자신의 역량을 보여줄 수 있
   는 기회를 얻게 된다.

03 역량중심 행동면접 질문

이 장에서는 701개의 역량중심 행동면접(CBBI) 질문을 78가지 역량으로 분류하여 설명한다. 직책, 직급, 조직에 적합한 역량이 파악되면, 그 다음 단계에서 조직 문화를 고려하여 각각의 역량을 간략히 정의한다. 일단 역량의 정의가 완료되면, 지원자가 조직의 요구 수준이 충족될 수 있는 역량을 갖추고 있는지 여부를 판단하는 데 가장 적합한 질문들을 선택할 수 있다.

조직에 따라서 각 역량의 의미는 약간 다르게 해석되기 때문에, 대체로 각 역량에 속하는 질문에는 해당 역량과 밀접하게 연관된 요소들이 아주 다양하게 표현된다. 또한 형태는 다르지만 의미는 동일한 질문들도 있는데, 다양한 조직 문화와 용어 사용에 적합하도록 하기 위해 다양한 형태의 질문을 만들기도 한다. 각 질문들을 잘 읽고 해당 직책에 가장 적합한 질문을 선택하는 것이 중요하다.

'리더십' 역량의 제외

관리자급 직책을 위한 역량을 개발하는 경우 소위 '리더십'이라는 역량이 먼저 머리에 떠오를 테지만, 본서에서는 '리더십' 역량을 사용하지 않았다. 그 이유는 리더십은 단일한 역량이라기보다는 여러 가지 역량들이 융합된 것이기 때문이다. 자신의 조직에서 리더십을 구성하는 역량들은 어떤 것인지 알아보려면, "이 조직의 리더는 조직 구성원들을 이끌어 가기 위해 어떻게 해야 하나?"라는 질문을 해 보면 된다. 이 물음에 대한 대답으로 다음과 같이 말할 수 있다.

- 가장 최고의 인재를 선발한다. 자신보다 더 유능한 인재의 채용을 꺼리지 않는다.
- 효과적인 업무 수행을 위해 여러 사람들로 팀을 구성한다. 팀원들을 단결시킨다.
- 직원 각자의 능력을 최대한 이끌어 내면서 직원들이 최선의 노력을 기울이도록 한다.
- 시간이나 정보가 부족한 상황에서도 훌륭한 결정을 내린다.

이러한 내용들을 조직 내의 각 리더십 역량으로 표현할 수 있는데, 예컨대 다음과 같다.

- 최고의 인재 채용
- 효과적인 팀 구성

- 성공적인 동기 부여
- 효과적인 의사 결정

부정적인 사례 유인

대다수 역량에서 제시되는 질문들을 활용하면 긍정적인 사례는 물론 부정적인 사례도 이끌어 낼 수 있다. 상황에 따라서는 부정적이거나 '실패한' 사례가 긍정적인 사례보다 더 효과적일 수도 있다. 만약 실수를 통해 배울 수 있는 능력이 핵심인 역량이 있다면, 지원자가 '성공'한 경험 대신에 또는 '성공'한 경험에 덧붙여 실제 '실패'한 경험을 이끌어 내는 것이 훨씬 커다란 의미를 가질 수 있다.

예를 들어 표 3-1의 사례와 같이 성공 및 실패에 관한 질문을 함께 사용하면 지원자의 효과적인 '팀 구성' 능력을 검증할 수도 있고, 실패한 경험을 통해 얻은 교훈으로 팀을 올바른 방향으로 이끌어 가는 능력을 확인하는 데도 도움이 된다. 또한 지원자의 답변이

표 3-1 성공 및 실패 질문

역량: "팀 구성"	
긍정적인 사례:	"자신이 리더십을 발휘하여 효과적이고 생산적인 팀을 구축한 사례를 말해 보세요."
부정적인/실패 사례:	"자신이 팀의 리더로서 기대에 미치지 못했던 사례를 말해 보세요."

너무 완벽하다고 생각되면, '실패한 경험'에 관해서도 질문하고 싶어질 것이다. 예를 들어 A직책에 요구되는 역량이 '결과 지향성 results oriented'이라면, 다음과 같이 질문하면 된다.

"여러 가지 제약 속에서도 모든 난관을 극복하고 부여된 업무나 프로젝트를 완수할 수 있었던 사례를 말해 보세요."

만약 지원자의 답변을 모두 들어 봤을 때 지원자의 자질이 충분하고도 남음이 있을 만큼 완벽해서 도저히 믿기 힘들 정도라고 가정해 보자. 이런 경우에는 해당 역량을 정반대의 방법으로 다시 확인할 수 있다. 즉 다음과 같이 질문하면 된다.

"여러 가지 제약 때문에 부여된 업무나 프로젝트를 완수할 수 없었던 사례를 말해 보세요."

이에 대한 지원자의 답변에서 특히 다음과 같은 점에 주목해야 한다.

- 업무 장애가 나타났을 때 처리가 가능했나 아니면 불가능했나?
- 업무 장애를 제거하거나 극복하기 위해 어떤 조치를 취했나?
- 업무 추진 초기에 장애 발생 가능성을 미리 알려 주는 징후를 포착하지 못했나?
- 실패는 얼마나 소중한 경험이었나?

역량중심 행동면접(CBBI) 질문 예

갈등 관리
Conflict Management

긍정적/성공 사례

1. 직원들 간의 문제가 창의적인 방식으로 순조롭게 해결되도록 했던 경험에 관해 말해 보세요.

2. 최근에 유난히 까다로운 직원이나 동료와 함께 일을 잘 처리했던 경험에 관해 말해 보세요.

3. 자신이 책임지고 갈등에 연관된 사람들을 만나서 해결책에 대해 설명했던 경험에 관해 말해 보세요.

4. 자신이 업무를 수행하면서 상사나 상급 관리자와 의견이 일치하지 않았던 사례에 관해 말해 보세요. 갈등을 해결할 수 있는 방법들은 어떤 것들이 있었나요? 그 갈등의 해결 방법을 선택한 이유는? 핵심적인 내용을 이해시킬 수 있었나요? 갈등을 잘 해결했나요?

5. 자신의 직업윤리와 다른 사람들의 직업윤리에 가끔씩 갈등이 생길 수 있습니다. 이러한 갈등을 겪었던 경험에 관해 말해 보세요. 갈등을 해결할 수 있었나요? 어떻게 해결했나요(또는 왜 해결하지 못했나요)? 이 경험을 통해 얻은 교훈은 무엇인가요? 이 교훈을 어떻게 적용했나요?

6. 자신이 처리하기 곤란했던 의견 불일치에 관해 말해 보세요. 처리하기 곤란했던 이유는? 어떤 조치를 취했나요? 어떻게 해결됐나요?

7. 지금까지 자신이 상대하기 가장 곤란했던 사람을 생각해 보고

그렇게 곤란했던 사례를 설명해 보세요. 그 사람을 마지막으로 상대했던 상황에 대해 말해 보세요. 그 상황을 어떻게 처리했나요?

8. 자신이 이전 관리자와 의견이 불일치했지만 자신의 의견을 이해시킬 수 있었던 경험에 관해 말해 보세요.

9. 자신이 책임지고 갈등에 연관된 사람들을 만나서 해결책에 대해 설명했던 경험에 관해 말해 보세요.

10. 누구든지 다른 사람과 의견이 일치하지 않는 경우가 있다. 어떤 사람들과는 의견이 잘 맞지만 어떤 사람들과는 의견이 잘 맞지 않는다. 대체로 반대 의견을 잘 받아들이지 않는 사람에게 과감하게 자신의 반대 의견을 표명했던 경험에 관해 말해 보세요. 상대방과는 어떤 관계였나요? 반대 의견을 표명하기로 결정한 이유는?

11. 직원 간 또는 팀원 간의 갈등을 해결해야 했던 경험에 관해 말해 보세요.

부정적/실패 사례

12. 동료와의 의견 충돌을 제대로 처리하지 못했던 경험에 관해 말해 보세요.

13. 동료나 관리자가 자신의 체면을 손상시켰다는 느낌을 받았던 경험에 관해 말해 보세요.

기타

14. 자신이 함께 일하는 다른 사람들과 협력하여 어려운 그룹 프로젝트나 활동에 참여했던 경험에 관해 말해 보세요.

15. 일의 우선순위를 결정하기 어려워서 곤란했던 경험에 관해 말해 보세요. 어떻게 문제를 해결했나요? 효과가 있었나요? 효과가 있었던 이유는 또는 효과가 없었던 이유는?

감성 지능/인식
Emotional Intelligence/Awareness

1. 다른 사람의 감정이나 관심사를 알아내는 능력 덕분에 어떤 문제에 미리 대비할 수 있었던 사례에 관해 말해 보세요.

2. 주변 분위기에 맞추어 공감을 표현하는 능력 덕분에 상황을 유리하게 변화시킬 수 있었던 경험에 관해 말해 보세요.

3. 개인이나 그룹의 비언어적인 분위기nonverbal dynamics를 파악하여 자신의 의사 표현을 조절함으로써 상황을 유리하게 변화시킬 수 있었던 경험에 관해 말해 보세요.

4. 자신이 감정적으로 부담스러운 상황을 잘못 관리했던 경험에 관해 말해 보세요.

5. 어떤 사람의 감정이나 관심사를 제대로 파악하지 못하여 상황을 잘못 처리했던(적어도 처음에는) 사례에 관해 말해 보세요.

6. 자신의 감정이나 자기 내부의 감성적인 반응을 유발하는 요인을 파악함으로써 비즈니스 환경에서 나중에 후회할 말이나 행동을 자제했던 사례에 관해 말해 보세요.

7. 자신의 걱정이나 부정적인 감정을 긍정적인 감정과 행위로 전환시킬 수 있었던 경험에 관해 말해 보세요.

8. 물론 어려운 일이었지만 자신의 감정을 건설적인 방법으로 조절하고 걸러 낼 수 있었던 사례에 관해 말해 보세요.

개인적 성장 노력
Personal Growth and Development

자기 인식 및 반성

1. 자신과 함께 일하는 사람들에게 모범을 보여 줌으로써 아주 긍정적인 영향을 주었던 경우를 생각해 보세요. 좋은 사례가 필요하다는 결정은 어떻게 내리게 됐습니까? 어떻게 했습니까? 사람들에게 어떤 영향을 주었나요?

2. 현재나 과거의 상사가 나에 관해 말하지 않기를 바라는 자신의 인적 사항 한 가지만 말해 보세요.

3. 자신의 성과에 만족하지 못했던(또는 실망했던) 상황에 관해 말해 보세요. 이 상황에 어떻게 대처했나요?

4. 자신의 한 가지 약점을 극복했던 경험을 말해 보세요.

5. 자신의 한 가지 장점을 활용해서 다른 사람이나 팀의 성공을 도와주었던 사례에 관해 말해 보세요.

6. 자신에게 최악의 결과가 초래된 업무 상황에 관해 말해 보세요. 최악의 결과가 초래된 이유는 무엇이었나요? 이를 통해 어떤 교훈을 얻었나요?

7. 근무한 현재/이전의 직책에서 수행했던 업무 중에서 자신이 많은 자부심을 느끼는 업무에 관해 말해 보세요.

교훈

8. 자신이 실패(실수)를 통해 배우게 되었던 사례에 관하여 말해 보세요. 무엇을 배웠나요? 이를 통해 얻은 교훈을 어떻게 활

용했나요?

9. 자신의 최악의 판단 착오나 (현재 또는 이전의) 직책에서 경험한 업무 실패에 관해 설명해 보세요. 판단 착오나 업무 실패의 원인은 무엇이었나요? 어떻게 이 문제를 해결했나요?

10. 자신에게 불리한 상황에서 까다로운 업무를 완수하라는 요구를 받았던 경험에 관해 말해 보세요. 이 경험을 통해 어떤 교훈을 배우게 됐나요?

11. 자신이 과거에 겪었던 실망스러운 상황에 관해 말해 보세요. 어떻게 그 상황에 대처했나요?

자기 개선

12. 누구든지 성공에 지장을 초래하는 약점을 가지고 있습니다. 자신이 가지고 있는 한 가지 약점과 이를 극복하고 특정한 업무나 프로젝트에서 성공을 이루어 낼 수 있었던 방법에 관해 말해 보세요.

13. 과거에 자기 개선을 위해 노력했던 사례에 관해 말해 보세요.

14. 다른 사람들로부터 자신의 업무에 관해 건설적인 충고를 들었던 경험을 말해 보세요. 무엇에 관한 의견이었나요? 이 의견에 관해 어떤 평가를 내렸나요? 자신이 받은 정보를 어떻게 이용했나요? 자신에게 어떤 변화가 생겼나요?

결과 지향성
Results Orientation

1. 자신이 설정한 주요한 목표와 성공적인 목표 달성의 사례에 관해 말해 보세요.

2. 자신이 온갖 어려움을 무릅쓰고 정해진 범위 내에서 프로젝트나 업무를 완수할 수 있었던 사례에 관해 말해 보세요.

3. 불리한 여건 속에서 어려운 업무를 완수하라는 지시를 받았던 경험에 관해 말해 보세요. 이 경험을 통해서 어떤 교훈을 얻었습니까?

4. 자신의 성공을 위해 매우 세부적인 사항에도 주의를 기울여야 했던 경험에 관해 말해 보세요.

5. 성공을 위해서는 행운 이외에 많은 노력도 필요합니다. 자신이 조직/부서/팀의 목표 달성을 위해 개인적인 희생을 감수하고 정말로 열심히 일해야 했던 경험에 관해 말해 보세요.

실패/부정적 사례

6. 자신이 프로젝트를 정해진 시간에 완수할 수 없었던 사례에 관해 말해 보세요.

7. 자신이 반드시 필요한 결과를 얻지 못했거나 일정 시간 내에 결과를 얻지 못했던 경험에 관해 말해 보세요.

8. 시간과 자원의 제약으로 인해 불가피하게 보고서를 늦게 제출하거나 만족스럽지 못한 상태에서 프로젝트를 수행했던 경험에 관해 말해 보세요.

경청
Listening

1. 최근에 구두로만 지시를 받아서 업무를 처리해야 했던 사례에 관해 말해 보세요.

2. 자신이 다른 사람의 말에 귀를 기울여 들었던 사례에 관해 말해 보세요.

3. 때때로 사람들은 다른 사람의 말에 귀 기울여 제대로 듣지 않습니다. 자신이 다른 사람의 말을 제대로 듣지 않아서 오해했던 경우에 관해 말해 보세요. 자신이 오해를 하게 되었던 이유는 무엇이라고 생각합니까? 오해를 어떻게 풀었나요?

4. 자신이 무슨 말을 하는지도 잘 알지 못하는 어떤 사람의 말을 참고 계속 들어줄 수 없었던 경험에 관해 말해 보세요.

5. 어떤 사람의 말에 처음에는 동의할 수 없었지만 그 사람의 말을 끝까지 들어보고는 자신의 심경에 변화가 생겼던 경험에 관해 말해 보세요.

6. 감정이 매우 풍부한 부하 직원을 대해야 했던 사례에 관해 말해 보세요.

7. 다른 사람의 말을 차분하게 들어주는 능력 덕분에 좋은 성과를 거두었던 경험에 관해 말해 보세요.

8. 개인적인/민감한 상황에 대해 솔직히 털어 놓는 사람의 말을 진지하게 귀 기울여 들어야 했던 상황에 대해 말해 보세요.

고객 중심 업무 수행
Customer Focus

까다로운/감정적 고객에 대한 효과적인 대응

1. 고객이나 의뢰인의 문제를 해결하는 데 최선을 다했지만 고객이 만족하지 못했던 상황에 관해 설명해 보세요.

2. 자신의 대인 관계 기술을 활용하여 고객 문제를 해결했던 사례에 관해 설명해 보세요.

3. 서비스 수준에 불만을 표시하는 고객을 대했던 경험에 관해 말해 보세요. 어떻게 대처했나요?

4. 누구나 때때로 까다로운 사람들을 상대해야 하는 경우가 있지만 까다로운 사람에게 서비스를 제공하는 것은 훨씬 힘든 일입니다. 까다로운 고객에게 효과적으로 대처했던 경험에 관해 말해 보세요.

5. 불쾌하거나 화나거나 격노한 고객을 응대한 후 당시의 대처 방법에 대해 후회해 본 경험에 대해 말해 보세요.

고객 관계의 구축/강화/유지

6. 고객 관계를 발전시키거나 강화하기 위해 노력했던 사례에 관해 설명해 보세요.

7. 자신의 부서나 팀에 '고객 제일주의customer first' 정신을 확립하기 위해 노력했던 사례에 관해 설명해 보세요.

8. 자신이 고객의 요구 사항 파악에 많은 시간을 투자했던 사례에 관해 설명해 보세요. 어떤 결과를 얻었나요?

9. 몇 년 동안 자신과 밀접한 관계를 유지했던 고객에 관해 말해 보세요. 이렇게 밀접한 관계를 유지하기 위해 어떻게 했나요?

10. 내/외부 고객의 의견이나 요구 사항에 대한 이해력을 향상시키기 위해 특정 상황에서 활용했던 과정이나 방법에 관해 설명해 보세요.

11. 자신이 고객/의뢰인/이해 관계자의 기대를 훨씬 뛰어넘었던 경험에 관해 말해 보세요.

12. 개인이나 조직 전체의 저항에 직면해 고객이나 의뢰인의 입장을 대변하는 역할을 수행했던 사례에 관해 설명해 보세요.

실패한 고객 서비스

13. 고객에게 제품이나 서비스를 정해진 시간에 전달할 수 없었던 경험에 관해 말해 보세요.

14. 누구나 고객에게 해서는 안 되는 말을 했던 적이 있습니다. 자신이 이러한 실수를 저질렀던 사례에 관해 말해 보세요. 그 실수를 만회하기 위해서 어떻게 했나요?

15. 고객이 워낙 까다로워서 만족시키는 것을 포기했던(혹은 만족시킬 수 없었던) 상황에 관해 말해 보세요.

16. 누구나 터무니없는 요구를 하는 고객을 상대해야 할 때가 있습니다. 자신이 터무니없는 요구 사항을 처리했던 상황을 생각해 보세요.

기타

17. 자신의 경쟁자들마저도 인정하지 않을 수 없는 탁월한 고객 서비스를 보여 주었던 사례에 관해 말해 보세요.

18. 고객이 보내준 의견을 수용하여 업무 처리 과정, 절차 또는 운영 방식의 변화에 착수했던 사례에 관해 말해 보세요.

공공적 책임 의식/기업 시민 정신
Stewardship/Corporate Citizenship

1. 자신이 조직과 지역 사회 간의 사안을 처리하는 데 기울였던 (참여했던) 협력 노력에 관해 말해 보세요.

2. 자신이 지역 사회의 특성, 요구 사항을 이해한 덕분에 사업적인 문제, 사안, 관심사를 처리하는 데 많은 도움을 받았던 사례에 관해 말해 보세요.

3. 자신이 참여했던 일을 통해 지역 사회에 소재한 사업체와 지역 사회 모두에게 유익했던 일에 관해 말해 보세요.

4. 자신의 팀/부서/조직 내에서 공공의 책임/기업 시민 정신을 적극적으로 지지하기 위해 어떻게 했는지 말해 보세요.

과정 관리
Process Management

1. 작년(또는 금년)에 부서의 목표를 정하는 데 활용한 업무 처리 과정에 관해 말해 보세요. 이 목표는 달성됐습니까?

2. 자신의 업무상 오류 관리 시스템에 관해 말해 보세요.

3. 자신이 최근에 완료했던 프로젝트나 업무에 관하여 간략하게 말해 보세요. 그리고 이 프로젝트나 업무가 완벽하고 정확하게 처리되도록 하기 위해서 활용했던 업무 처리 과정에 관해 말해 보세요.

4. 업무 과정을 개선했던 사례에 관해 말해 보세요.

5. 자신이 복잡한 기술적 처리 과정을 채택하고 이 처리 과정에 익숙하지 않은 사람들에게 설명해 주었던 경우에 관해 말해 보세요.

6. 중요한 프로젝트를 관리하면서 전 과정이 반드시 정확하고 적절하게 진행되도록 하는 데 초점을 맞추었던 경우에 관해 말해 보세요.

7. 2단계 이상의 과정이나 절차를 통합하여 단일 과정이나 절차의 효율과 효과를 향상시킬 수 있는 기회를 포착했던 사례에 관해 말해 보세요.

8. 업무의 속도와 성과를 향상시키면서 동시에 비용은 절감할 수 있는 방법을 발견했던 경험에 관해 말해 보세요.

관계 형성(내부/외부)
Partnering(Internal/External)

1. 자신이 조직 내부의 개인이나 그룹과 관계를 형성하고 유지했던(또는 강화했던) 경우에 관해 설명해 보세요. 관계를 형성했던 이유는 무엇입니까? 어떻게 관계를 형성했습니까? 관계를 유지/강화하기 위해 어떻게 했습니까?

2. 자신이 조직 외부의 개인이나 그룹과 관계를 형성하고 유지했던(또는 강화했던) 경우에 관해 설명해 보세요. 관계를 형성했던 이유는 무엇입니까? 어떻게 관계를 형성했습니까? 관계를 유지/강화하기 위해 어떻게 했습니까?

3. 대다수는 다른 사람들에게 영향을 줍니다. 자기 업무가 끼치는 영향이 매우 강하기 때문에 직접 관련된/필요한 사람들을 찾아가 그들의 관심사와 관점을 파악한 후에 해당 업무를 진행해야 된다는 것을 깨달았던 경험에 관해 말해 보세요.

관리자(상사)와의 관계
Manager Relationships

1. 상사로부터 업무 성과에 대해 인정을 받았던 경험에 관해 말해 보세요.

2. 자신이 상사를 위해 '전력을 다했던' 사례에 관해 말해 보세요. 그렇게 한 이유는 무엇이었나요?

3. 상사로부터 배운 것이 자신의 경력에 도움이 되었던 사례에 관해 말해 보세요.

4. 상사의 충실한 지도 덕분에 자신의 업무 성과가 향상되거나 새로운 것을 배우게 되었던 경험에 관해 말해 보세요.

5. 자신이 스스로 처리하기보다는 미리 상사와 논의했던 업무의 사례에 관해 말해 보세요.

6. 지금까지 자신이 만났던 최악의 상사에 관해 말해 보세요. 최악의 상사로 지목된 이유는 무엇입니까? 그 상사와는 어떻게 업무 관계를 잘 유지할 수 있었습니까?

권한 위임
Empowerment

1. 자신의 부하 직원들에게 업무/프로젝트의 한도 내에서 업무 과정을 자율적으로 결정할 권한을 주고 일체 관여하지 않았던 경험에 관해 말해 보세요.

2. 자신의 부하 직원에게 일정한 책임 한도 내에서 의사 결정을 하도록 적극적으로 권유하여 기대 이상의 성과를 거두었던 경험에 관해 말해 보세요.

3. 부하 직원에게 일정한 책임 한도 내에서 의사 결정을 하도록 권유했지만 결과가 좋지 않았던 경험에 관해 말해 보세요. 어떤 상황이었습니까? 어떻게 대처했나요? 최종 결과는?

4. 직원들에게 자신의 지시를 받으려 하지 말고 각자 자신의 문제 해결을 적극적으로 해결해 보도록 장려했던 경험에 관해 말해 보세요.

5. 자신의 직원에게 독자적인 의사 결정을 내릴 권한을 부여했던 사례에 관해 말해 보세요.

6. 비록 어려운 문제라도 자신이 나서서 팀원들에게 해결책을 제시하기보다는 팀원들이 스스로 문제의 해결책을 찾도록 했던 경험에 관해 말해 보세요.

기능/기술/직무 능력
Functional/Technical/Job Skills

개발

1. 자신이 새롭게 습득한 지식 또는 기술을 적용해야 했던 상황에 관해 말해 보세요. 어떤 지식 또는 기술이었나요?

2. 최근의(가장 최근의) 직책에서 조직의 제품/서비스에 관한 심도 있는 지식과 기술을 개발했던 경험에 관해 말해 보세요.

유지관리

3. 자신의 전문 분야에서 발생하거나 논의 중인 변화 또는 사안에 관해 말해 보세요. 이러한 변화 또는 사안이 자신의 업무 방식에 어떻게 영향을 미칩니까?

4. 자신의 직책과 관련된 전문 지식/기술적 진보에 뒤쳐지지 않을 수 있는 방법에 관해 말해 보세요.

예상

5. 기술적/기능적 기량의 향상이 필요하다고 예상하고 사전에 조치를 취했던 경험에 관해 말해 보세요.

6. 자신이 주도적으로 나서서 새로운 또는 다가오는 제품/서비스의 변화를 파악했던 사례에 관해 말해 보세요.

조직에 대한 기여/적용

7. 자신의 직무에 대한 이해력 덕분에 조직에서 발생한 큰 문제를

해결하는 데 기여했던 사례에 관해 말해 보세요.

8. 자신의 전문 지식/기술 덕분에 다른 사람들보다 월등한 성과를 거두었던 상황에 관해 말해 보세요.

9. 자신의 활동 분야에 대한 지식 덕분에 잠재적인 문제점을 파악하고 그 문제점의 해결에 필요한 전략을 개발할 수 있었던 경험에 관해 말해 보세요. 자신의 어떤 지식 요소로 인해 이러한 잠재적인 문제점을 찾아낼 수 있었나요?

10. 자신의 실제 사례를 통해 특정한 제품/서비스 지식을 적용하여 조직 내외의 문제를 해결할 수 있었던 경험을 납득할 수 있도록 말해 보세요.

11. 자신이 기술을 습득하여 실무에 응용했던 사례에 관해 말해 보세요.

12. 기술적/기능적/직무상의 문제를 해결하는 데 가장 큰 성공을 거두었던 경험에 관해 말해 보세요. 성공의 이유는 무엇이라고 생각합니까?

실패/부정적 사례

13. 누구든지 생각해 보면, 골치 아픈 문제 때문에 괴로워하지 않는 사람은 아마 없을 것입니다. 이러한 상황을 겪었던 자신의 경험에 관해 말해 보세요.

14. 기술적인/기능적인/직무상의 문제를 극복할 수 없었던 경험에

관해 말해 보세요. 성공하지 못했던 이유는 무엇이라고 생각합니까? 이를 통해 어떤 교훈을 얻었습니까?

기술 관리 및 활용
Technology Management/Utilization

1. 자신이 새로운 또는 향상된 기술을 선택할 책임을 맡았던 사례에 관해 말해 보세요.

2. 어떤 장비의 제작 의도나 용도를 잘못 이해했던 경험에 관해 말해 보세요.

3. 신기술을 기존의 업무나 프로젝트에 적용했던 경우에 관해 설명해 보세요. 신기술을 적용한 결과로 어떤 이익을 얻었나요? 어떻게 신기술의 적용이 유익하다는 결론을 내렸나요?

4. 어떤 장비를 활용하여 문제를 예방하거나 확인하거나 해결했던 사례에 관해 말해 보세요.

5. 자신이 기술을 적용하여 서비스, 업무 과정 또는 생산성을 향상시켰던 경험에 관해 말해 보세요.

기획 및 우선순위 결정
Planning/Priority Setting

일반적 사례

1. 다가오는 변화를 보고 변화에 대처하는 계획을 세웠던 사례에 관해 말해 보세요.

2. 팀을 대상으로 세운 중요한 목표와 팀의 성공적인 목표 달성 사례에 관해 말해 보세요.

3. 많은 업무를 한꺼번에 처리했던 사례에 관해 말해 보세요. 실행 대상 업무와 실행 시기를 어떻게 결정했습니까?

4. 실행 계획을 세워야 했던 대형 프로젝트에 관해 말해 보세요.

5. 현재 자신의 최우선 업무에 관해 말해 보세요. 자신의 최우선 업무를 어떻게 결정했나요?

6. 업무 환경에 존재하는 '지속적인 긴급 상황'과 '돌발 상황'을 효과적으로 해소한 사례에 관해 말해 보세요.

7. 자신이 수행할 업무가 너무 많아서 업무의 우선순위를 정하는 것이 필요했던 사례에 관해 말해 보세요.

8. 자신의 일정이 갑자기 중단되어 당일 계획이 완전히 변경되었던 사례에 관해 말해 보세요.

9. 자신이 지난 몇 개월 동안 완수했던 업무에 관해 생각해 보세요. 계획하고 조직하는 과정에 가장 많은 노력이 필요했던 업무에 관해 말해 보세요.

10. 자신의 계획이 제대로 진행되지 않았던 경우에 관해 설명해 보세요. 이를 만회하기 위해 어떻게 했습니까?

11. 자신이 업무 마감일을 넘겼던 상황에 관해 말해 보세요. 어떻게 이 상황에 대처했나요?

12. 자신의 계획이 제대로 진행되지 않았던 경우에 관해 설명해 보세요. 이유는 무엇이었습니까? 이를 만회하기 위해 어떻게 했습니까? 그 후에는 성공했습니까? 만약에 다시 해야 한다면, 어떻게 하겠습니까? 이를 통해 어떤 교훈을 얻었나요? 자신이 얻은 교훈을 어떻게 활용했나요?

꼼꼼한 업무 수행과 세심한 주의
Detail Orientation/Attention to Detail

1. 자신이 세부적인 사항에 충분히 주의를 기울인 덕분에 실수를 모면했던 사례에 관해 말해 보세요.

2. 다른 사람들이 발견하지 못한 오류를 자신이 찾아낸 경험에 관해 말해 보세요.

3. 자신이 세부적인 사항에 충분히 주의를 기울이지 않았던 상황에 관해 말해 보세요.

4. 자신이 마치 나무는 보면서 숲을 보지 못하는 실수를 저질렀던 상황에 관해 말해 보세요.

일반적 사례

1. 다른 사람들의 예상보다 더 오랜 기간 동안 어떤 아이디어나 프로젝트에 관여했던 경험에 관해 말해 보세요.

2. 자신이 현재의 직책에 이르기까지 극복해야 했던 장애물들에 관해 말해 보세요.

3. 자신이 아무도 떠맡지 않으려고 했던 업무를 처리해야 했던 경험에 관해 말해 보세요.

4. 프로젝트를 진행하면서 커다란 저항이나 중대한 장애를 만났지만 훌륭하게 극복했던 경험에 관해 말해 보세요.

5. 자신에게 불리한 상황에서 까다로운 업무나 프로젝트를 완수하라는 요구를 받았던 경험에 관해 말해 보세요. 결과는 성공적이었나요? 이를 통해 어떤 교훈을 배우게 됐나요?

6. 모든 일에는 껄끄러운 부분이 있게 마련입니다. 자신이 일하면서 처리해야 했던 가장 껄끄러웠던 업무 사항에 관해 말해 보세요. 자신이 업무를 성공적으로 완수했던 또는 완수하지 못했던 이유는 무엇입니까?

7. 최근에 자신이 겪었던 매우 불쾌했던 순간과 그 순간에 대처했던 경험에 관해 말해 보세요.

8. 예측하지 못한 문제가 발생했음에도 불구하고 업무를 완수해야 했던 상황에 관해 말해 보세요.

9. 자신이 가장 어렵게 느끼는 프로젝트나 상황은 어떤 것이었고

자신이 장애를 어떻게 극복했는지 말해 보세요.

실패/부정적 사례

10. 처음에 자신의 아이디어를 상사, 직원, 동료 등에게 납득시킬 수 없어서 나중에 다시 시도했던 경험에 관해 말해 보세요. 두 번째 또는 세 번째 시도에서는 어떻게 되었나요?

11. 업무를 완수하기 전에 포기했던 사례에 관해 말해 보세요. 포기했던 이유는 무엇입니까?

12. 어떤 것을 시도했지만 실패했던 사례에 관해 말해 보세요. 실패했던 이유는 무엇입니까? 만약에 다시 한 번 기회가 주어진다면 이번에는 어떻게 하겠습니까?

다른 사람들에 대한 이해
Understanding Others

1. 구체적 사례를 들어 자신의 그룹에 속한 사람들이 왜 그 일을 하는지에 대해 설명해 보세요.

2. 어떤 그룹의 사람들에게 동기를 부여해야 했던 경험에 관해 말해 보세요.

3. 어떤 그룹의 의도나 요구 사항을 파악하는 능력 덕분에 결과적으로 자신의 행동 방식이 변했던 경험에 관해 말해 보세요.

4. 어떤 그룹의 가치관을 파악함으로써 그 그룹의 사람들과 함께 수행하는 업무를 효과적으로 추진했던 경험에 관해 말해 보세요.

5. 팀의 부적절한 운영 과정을 미리 내다보고 올바른 방향으로 이끌었던 사례에 관해 말해 보세요.

6. 어떤 사람이나 그룹에게 반드시 필요하지만 정작 당사자들은 필요성을 느끼지 못하는 것을 제공했던 경험에 관해 말해 보세요.

다양성 존중 및 장려
Diversity Valuing and Encouraging

중점 사항: 적응

1. 다양한 사람들의 관점을 수용하거나 이해하면서 그들에게 적응해야 했던 경험에 관해 말해 보세요.

2. 다른 사람들과의 효과적인 협력을 위해 자신의 스타일을 주변 사람에 맞추어야 했던 경험에 관해 말해 보세요.

3. 다른 사람의 문화적 배경이 업무 상황에 대한 자신의 접근 방법에 영향을 미쳤던 사례에 관해 말해 보세요.

중점 사항: 상이한 가치/신념

4. 자신과 아이디어, 가치관 또는 신념이 다른 사람과 협력을 하면서 직면했던 가장 어려운 도전에 관해 말해 보세요(주: 반드시 차이점이 무엇인지를 파악해야 한다). 자신의 업무 수행 능력에 영향을 주었던 요인은 무엇이었나? 다른 사람의 업무 수행 능력에 영향을 주었던 요인은?

5. 자신의 가치관과 신념이 동료, 협력자, 감독자 또는 고객과의 관계에 영향을 미쳤던 사례에 관해 말해 보세요.

중점 사항: 작업 환경

6. 사람들 간의 차이점을 존중하고 장려하면서 지지하는 업무 환경을 만들기 위해 취했던 조치에 관해 말해 보세요.

7. 자신이 이성(異性) 위주의 작업 환경에서 제 목소리를 낼 수 있

었던 경험에 관해 말해 보세요.

8 주변 환경으로 인해 불안한 모습을 보이던 어떤 사람이 편안한 분위기를 느낄 수 있도록 조치를 취해 주었던 경험에 관해 말해 보세요.

개인적 관점: 기타

9. 외모로 사람을 평가하는 오류를 피한 경험에 관해 말해 보세요.

10. 어떤 업무 환경에서 문화가 다른 사람을 이해하기 위해 의도적으로 노력했던 경험에 관해 말해 보세요.

11. 사람들 간의 차이를 해소하기 위해 사람과 사안을 분리해야 했던 경험에 관해 말해 보세요.

다양성의 가치를 인정하도록 장려

12. 다른 사람들의 의견을 수용하지 않는 사람에게 자신의 의견을 제시해야 했던 상황에 관해 말해 보세요.

13. 자신의 현재/과거의 업무를 수행하면서 다양한 가치관, 아이디어, 신념을 가진 사람들이 관여된 복잡한 문제를 처리했던 방법에 관해 말해 보세요.

대인 관계 능력과 재치
Interpersonal Skills/Savvy

조화로운 관계 구축

1. 자신이 비즈니스 목표 달성을 위해 새로운 관계를 구축하고 유지해야 했던 경험에 관해 말해 보세요.

2. 친해지기가 힘든 사람들이 있습니다. 친해지기 힘든 사람과 금방 친해질 수 있었던 사례에 관해 말해 보세요.

3. 어떤 사람을 제대로 '파악하여' 상대방의 요구와 가치관에 맞추어 자신의 행동을 조절할 수 있었던 경험을 말해 보세요.

까다로운 사람들과 업무 협력

4. 자신이 (거칠거나 빈정대거나 아는 체하거나 부정적이거나 비협조적인) 성격을 지닌 사람을 상대해야 했던 경우에 관해 말해 보세요. 그 상황에 어떻게 대처했나요? 이런 사람들과 잘 지냈나요? 어떻게 잘 지냈나요(또는 왜 잘 지내지 못했나요)?

5. 자신의 업무를 성공적으로 완수하기 위해 까다로운 동료와 긴밀하게 협력해야 했던 상황에 관해 말해 보세요. 업무 협력이 잘 이루어졌나요? 어떻게 업무 협력이 잘 이루어졌나요(또는 잘 이루어지지 못했나요)?

실패/부정적 사례

6. 잘 지내기 특히 어려운 사람들이 있습니다. 자신이 업무 관계에서 가장 성공하지 못했던 경험을 말해 보세요. 이 업무 관계

가 성공하지 못했다고 생각하는 이유는 무엇입니까?

7. 자신이 다른 사람을 잘못 파악해 적어도 초기에는 상황을 개선시키기 보다는 악화시켰던 사례에 관해 말해 보세요.

기타

8. 자신이 담당했던 프로젝트 중에서 사람들과 장기간에 걸친 많은 상호 작용이 요구된 프로젝트에 관해 말해 보세요.

9. 실수를 저지르지 않기 위해 남과 다른 견해를 갖는 것도 중요합니다. 긍정적인 성과를 얻기 위해 다른 사람과 일치하지 않는 의견을 주장했던 경험을 말해 보세요(주: 다른 견해를 갖는 사람이 누구였고, 어떤 성과를 얻었고, 성과가 긍정적이었는지, 만일 부정적이었다면 그 원인이 무엇이었는지를 파악해야 한다).

10. 다른 사람이나 그룹이 듣고 싶어 하지 않았던 사항을 강하면서도 재치 있게 말해야 했던 경험에 관해 말해 보세요.

도덕성/가치관/정직성
Ethics/Values/Integrity

개인적 문제

1. 비록 자신이 신뢰를 저버리고 싶은 유혹에 빠졌거나 신뢰를 저버리는 것이 보다 손쉬운 일이었지만 결국 신뢰를 지킬 수 있었던 사례에 관해 말해 보세요.

2. 공정성이나 윤리 문제가 제기된 까다로운 문제를 처리해야 했던 경험에 관해 구체적으로 말해 보세요.

3. 자신의 업무/작업과 관련해서 정직하게 행동했던(언행일치) 사례에 관해 말해 보세요.

4. 정책에 동의하지는 않았지만 그대로 따랐던 구체적인 사례에 관해 말해 보세요.

5. 어떤 사람을 일단 믿어 보았는데 그 결과가 좋았던 경험에 관해 말해 보세요.

6. 누구든지 예라는 답변이 옳지 않기 때문에 고객, 직원, 상사 또는 그 밖의 다른 사람들에게 아니요 라고 말하지 않을 수 없는 상황을 종종 만나게 됩니다. 자신이 이러한 상황에 직면했던 경험에 관해 말해 보세요.

7. 아무도 모르는 상황에서도 자신의 실수에 대해 책임을 졌던 경험에 관해 말해 보세요.

8. 겉보기에는 상반되어 보이면서도 양쪽 모두 올바른 결정으로 여겨지는 두 가지 선택 중에서 하나를 선택해야 하는 상황은 누구에게라도 일어날 수 있습니다. 자신이 이러한 상황에 직

면했던 경험에 관해 말해 보세요. 이 상황에 어떻게 대처했나요? 그 상황에서 '올바른right 것'으로 생각하고 선택을 결정한 이유는 무엇입니까?

9. 자신의 정직성을 저버릴 뻔했던 경험에 관해 말해 보세요.

10. 올바른 일을 하면서 손해를 보았던 경험을 말해 보세요.

11. 정직한 행동이 적절하지 않은 것으로 생각되었던 비즈니스 상황에 관해 말해 보세요.

다른 사람들의 도덕성/가치관/청렴성 문제 처리

12. 다른 사람이 업무를 수행하면서 규정을 지나치게 남용하거나 악용하는 것을 목격했던 경험에 관해 말해 보세요.

13. 다른 사람에게 있는 그대로 진실을 전해야 하는 상황에서 무난하게 그것을 전달했던 사례에 관해 말해 보세요.

실패/후회 사례

14. 누구나 나중에 후회하게 되는 일을 했던 적이 있습니다. 이러한 상황을 겪었던 사례에 관해 말해 보세요. 만약에 다시 한 번 기회가 주어진다면 어떻게 하겠습니까?

15. 좋지 않은 상황에 처하여 자신의 핵심적인 가치관이나 신념을 지키지 못했던 사례에 관해 말해 보세요.

16. 언행일치를 실천하지 못했던 경험에 관해 말해 보세요.

17. 어떤 사람을 일단 믿어 보자는 쪽으로 생각했는데 지나고 보
니까 후회스러웠던 경험에 관해 말해 보세요.

동기 유발
Motivation

자발적 동기 유발

1. 자신의 동기 유발이 높았던 경험과 자신이 다른 사람들에게 동기를 부여했던 사례에 관해 말해 보세요.

2. 누구든지 원하지 않는 임무를 부여받는 경우가 있습니다. 자신이 이런 상황에 처하여 자발적인 동기 유발을 통해 임무를 완수했던 사례에 관해 말해 보세요.

다른 사람들에게 동기 부여

3. 자신이 다른 사람들에게 동기를 부여하는 책임을 맡았던 경우에 관해 말해 보세요.

4. 업무 의욕이 낮은 개인이나 그룹에게 동기를 부여하여 성취동기가 별로 높지 않던 업무를 성취할 수 있게 했던 사례에 관해 말해 보세요.

5. 부하 직원들이나 팀이 자발적인 동기 유발을 통해 놀라운 성과를 거둘 수 있도록 필요한 것들을 제공했던 경험에 관해 말해 보세요.

6. 직원에게 필요한 것을 제공하여 성취동기를 유지하거나 회복할 수 있었던 경험에 관해 말해 보세요.

7. 사기 저하 문제를 처리해야 했던 경험에 관해 말해 보세요.

동료와의 관계 형성
Peer Relations

1. 동료나 상급 관리자의 업무 성과를 인정할 수 있었던 경험에 관해 말해 보세요.
2. 한 동료와 견해 차이가 있었지만 서로간의 합의를 통한 의견 일치에 의해 문제를 해결했던 사례에 관해 말해 보세요.
3. 성공을 위해 동료의 신뢰와 지원이 필요했던 경험에 관해 말해 보세요.
4. 어떤 동료에게 솔직한 피드백을 전달해야 했던 상황에 관해 말해 보세요.
5. 동료들이 추진하는 프로젝트에 팀원으로 참여했던 사례에 관해 말해 보세요.
6. 매우 흥분한 동료를 대해야 했던 경험에 관해 말해 보세요.

동정심
Compassion

1. 개인이나 그룹의 기분이나 요구 사항을 특히 예리하게 파악했던 경험에 관해 말해 보세요.

2. 어떤 직원이 찾아와서 개인적인 고민을 털어 놓았던 경험에 관해 말해 보세요.

3. 자신이 부하 직원의 업무 또는 비업무적인 문제에 관심을 가지고 있다는 것을 표현한 경험에 관해 말해 보세요.

4. 다른 사람의 개인적 또는 민감한 상황을 진지하게 듣고 측은한 마음을 표현해야 했던 업무 상황에 관해 설명해 보세요.

5. 부하 직원의 요구 사항을 들어주기 위해 자신의 중요한 업무나 프로젝트를 제쳐 두어야 했던 사례를 말해 보세요.

6. 업무상 관계가 있는 사람에게 측은한 마음을 제대로 표현하지 못한 것이 나중에 자신의 뼈아픈 실수가 되었던 경험에 관해 말해 보세요.

7. 감성적이거나 예민한 직원에게 피드백을 보내야 했던 경험에 관해 말해 보세요.

8. 자신이 다른 사람과 특히 어색하거나 어려운 대화를 나누어야 했던 경험에 관해 말해 보세요.

목표 설정/성취/집중력
Goal Setting/Accomplishment/Focus

성공

1. 자신이 설정했던 중요한 목표와 달성 경험을 말해 보세요.

2. 목표를 설정하고 달성한 사례에 관해 말해 보세요.

3. 자신 부서에서 장기 변화나 장기 프로젝트를 수행했던 경험을 말해 보세요. 직원들의 집중력을 유지하기 위한 방법은?

실패/부정적 사례

4. 자신이 달성하지 못했던 중요한 목표에 관해 말해 보세요.

5. 자신이 설정했던 목표가 너무 높아서 달성하지 못했던 사례를 말해 보세요. 목표 설정의 기준은? 목표가 너무 높았던 이유는? 목표 달성 실패의 결과는 무엇이었나요?

6. 너무 낮은 목표를 설정했던 사례에 관해 말해 보세요.

처리 과정

7. 지난해에 자신의 목표를 설정하고 업무 성과를 측정했던 방법에 관해 말해 보세요. 목표를 달성했나요? 만약에 목표를 달성하지 못했다면, 그 이유는 무엇입니까?

8. 최근에 자신이 완수한 주요 프로젝트에 관해 말해 보세요. 어떻게 목표를 설정하고 업무 처리 과정을 관리했습니까?

9. 다른 사람들의 지시를 받지 않은 상태에서 자신이 체계적인 업무 처리 과정을 이용하여 목표를 설정했던 사례에 관해 말

해 보세요. 어떤 종류의 작업 시스템을 활용했나요? 해당 업무 과정을 통해 어떤 결과를 얻었나요?

도전

10. 다른 사람이 자신에게 달성이 불가능해 보이는 목표를 제시해 주었던 경험에 관해 말해 보세요.

11. 자신의 큰 희생을 통해 중요한 목표를 달성했던 사례에 관해 말해 보세요.

12. 자신이 목표를 달성하는 데 필요한 희생을 감수할 수 없거나 감수할 의향이 없었던 사례에 관해 말해 보세요.

13. 자신이 속한 조직의 문화 그리고 그 조직 문화로 인해 자신의 목표 달성이 어려웠던 경험에 관해 말해 보세요.

문제 해결
Problem Solving

사실 및 정보 수집/분석/활용

1. 자신이 관련 정보를 찾고 핵심 사안을 정하며 원하는 결과를 얻기 위해 취할 조치를 결정해야 하는 문제 상황에 관해 설명해 보세요.

2. 자신의 현상 조사 기법을 활용하여 문제를 해결했던 사례에 관해 말해 보세요.

3. 자신의 분석 작업의 결과가 부정확했던 상황을 말해 보세요. 다시 한 번 시도해야 한다면, 어떻게 하겠습니까?

4. 자신의 분석 능력을 최고로 발휘했던 프로젝트에 관해 설명해 보세요.

초기에 문제 파악

5. 누구든지 작은 문제가 파악되면 그 문제의 해결책을 마련하여 사소한 문제가 중대한 문제로 악화되는 것을 사전에 방지합니다. 이 상황에 대한 자신의 체험 사례를 설명해 보세요.

6. 자신이 잠재적인 문제를 파악한 다음에 해결책을 마련하여 상황이 악화되는 것을 사전에 방지했던 사례에 관해 말해 보세요.

7. 자신이 잠재적인 문제를 파악하고 사전에 예방 조치를 취했던 경험에 관해 말해 보세요.

기타

8. 지금까지 어려운 문제에 대하여 자신이 제안했던 가장 창의적인 해결책에 관해 말해 보세요.

9. 자신이 어떤 집단의 문제를 해결했던 경험에 관해 말해 보세요. 이 문제의 원인은 무엇이었습니까?

10. 지금까지 자신이 해결해야 했던 가장 어려운 문제에 관해 말해 보세요. 이 문제를 해결하기 위해 취했던 조치는 무엇입니까?

11. 어떤 문제를 해결하는 과정에는 여러 가지 대안적인 해결책들을 평가하는 작업이 반드시 필요합니다. 자신이 하나의 문제에 대하여 여러 가지 해결책들을 적극적으로 마련했던 사례에 관해 말해 보세요(주: 반드시 평가 방식[조사, 브레인스토밍 등]을 중점적으로 설명하고 평가 방식의 활용법 및 활용 근거도 다루어야 한다).

12. 탁월한 판단력과 논리를 활용하여 문제를 해결했던 사례에 관해 말해 보세요.

13. 현 직책에서 반복적으로 발생하거나 곤란한 문제에 관해 말해 보세요. 이 문제를 해결하기 위해 어떻게 했습니까?

14. 자신에게 도움이 될 만한 규정이나 지침이나 전략적인 방침이 없는 상태에서 문제를 해결해야 했던 경험에 관해 말해 보세요.

15. 누구든지 특정한 문제의 해결을 좋아하거나/꺼리거나 합니다. 자신이 해결책을 찾고 싶어 했던(또는 해결책을 찾고 싶어 하지 않았던) 문제에 관해 말해 보세요. 특히 이런 종류의 문제 해결에서 무엇을 좋아하거나/꺼리거나 합니까?
16. 자신이 어려운 문제를 해결하여 조직의 일부나 전체에 상당히 긍정적인 영향을 미쳤던 경험에 관해 말해 보세요.

실패/부정적 사례

17. 이미 문제를 통제할 수 없는 상황이 되어 문제를 발견하고 해결책을 마련할 수 없었던 경험에 관해 말해 보세요.
18. 문제에 대한 해결책을 찾지 못했던 경험을 말해 보세요.

1. 부하 직원들이 무슨 일을 하고 있는지 파악하는 방법에 관해 말해 보세요.

2. 자신의 부서에서 진행되는 상황의 흐름을 파악하는 절차에 관해 말해 보세요.

3. 작년에 자신의 부서와 부하 직원들을 대상으로 목표를 설정하는 데 이용됐던 처리 과정에 관해 말해 보세요.

4. 자신의 팀이나 부하 직원에게 분명한 방향을 제시하지 못했던 사례에 관해 말해 보세요.

5. 부하 직원을 대상으로 설정한 도전적 목표의 사례에 관해 말해 보세요. 이 사례가 도전적 목표가 되었던 이유는? 해당 부하 직원은 그 목표를 달성할 수 있었나요? 자신은 어떤 식으로 해당 부하 직원의 성공에 도움을 주었나요?

6. 관리자들은 주요 프로젝트를 부하 직원들에게 위임하는 경우가 많습니다. 자신이 부하 직원에게 프로젝트를 위임했던 경험과 해당 프로젝트의 진행 상황을 지속적으로 파악했던 방법에 관해 말해 보세요.

변화 관리
Change Management

1. 지금까지의 경력에서 자신이 이루어 냈던 가장 어려운 변화에 대해 말해 보세요. 변화 관리를 어떻게 했나요?

2. 조직 변화의 초기에 직원들에게 나타나는 거부감의 징후를 놓쳤던 사례를 말해 보세요.

3. 계획적인 변화가 부적절했다고 느꼈던 경험에 대해 말해 보세요. 어떻게 대처했나요? 어떤 결과를 얻었나요?

4. 불편한 상황에 적응해야 했던 경험에 대해 말해 보세요.

5. 변화의 노력을 기울였던 경험에 대해 말해 보세요.

6. 당신이 관여했던 변화의 노력이 자신이나 조직의 기대에 미치지 못했던 경험에 대해 말해 보세요.

7. 통제할 수 없었던 변화에 빠르게 적응해야 했던 경험에 대해 말해 보세요. 그 변화는 자신에게 어떤 영향을 끼쳤나요?

8. 부하 직원이나 다른 직원이 변화를 받아들이고 필요한 적응을 거쳐 앞으로 전진하도록 도와주었던 경험에 대해 말해 보세요. 어떤 변화/전환 방법을 활용했나요?

9. 자신이 처음에는 변화에 저항했지만 나중에는 받아들였던 경험에 대해 말해 보세요. 특히 무엇 때문에 자신의 생각이 바뀌었나요?

부하 직원 개발
Developing Direct Reports

1. 부하 직원의 부정적인 행동을 발견하고 처리해야 했던 상황에 관해 말해 보세요. 어떤 상황이었나요? 그 상황에 어떻게 대처했나요? 어떤 결과를 얻었나요?

2. 부하 직원 한 명에게 징계 조치를 내려야 했던 상황에 관해 말해 보세요. 그 이유는 무엇이었습니까? 어떤 조치를 취했나요? 어떤 결과를 얻었나요?

3. 업무 능력이 우수하지 않은 여러 부하 직원들과 함께 창의적으로 구상하고 수행했던 특정 개발 계획에 관해 말해 보세요. 개발 계획의 주요한 내용은 무엇이었나요? 그 계획의 진행 일정은 어땠나요? 어떤 결과를 얻었나요?

4. 업무 능력이 기대에 못 미치는 부하 직원에게 건설적인 의견을 제시해 주어야 했던 경험에 관해 말해 보세요. 해당 직원의 업무 능력이 기대에 미치지 못했던 이유는?(주: 당사자가 직원 개발에 대한 책임감이 있는지 또는 단지 직원들만을 꾸중하는 것인지 면밀히 살펴보도록 한다).

5. 아주 까다로운 직원의 능력 개발을 위해 거쳤던 과정과 절차에 관해 말해 보세요. 업무 수행이 성공적이었나요? 업무의 수행이 성공했던 혹은 성공하지 못했던 이유는?

6. 자신의 하급자에게 업무 수행이 만족스럽지 않다고 말했던 경험에 관해 말해 보세요.

7. 어떤 사람을 지도하거나 교육하여 업무 성과를 높이거나 높은 직

책으로 승진하도록 이끌었던 경험에 관해 말해 보세요.

8. 어떤 사람의 능력을 업무, 프로젝트 또는 임무에 적합하도록 개발하지 못했던 경험에 관해 말해 보세요.

9. 현재 또는 과거의 직책에서 자신이 직원들에게 기대 성과를 정하고 알리는 데 어떤 절차를 취했는지 말해 보세요.

10. 한때는 성과가 좋았던 직원이 서서히 성과가 떨어지는 경우가 많은데, 자신이 이런 상황에 대처해야 했던 경험에 관해 말해 보세요.

11. 부하 직원들이 실무 능력(의사소통, 협상, 판매 등)을 개발하거나 향상시키도록 도와준 사례에 관해 말해 보세요. 어떻게 이런 능력의 개발이 필요하다는 결정을 내렸나요?

부하 직원들에 대한 공정성
Fairness to Direct Reports

1. 부하 직원들 모두를 공평하게 대우하지 못했던 사례에 관해 말해 보세요.

2. 업무 관련 문제에 대하여 부하 직원 한 명과 솔직한 토론을 해야 했던 사례에 관해 말해 보세요.

3. 까다로운 직원 문제로 인해 직원들 모두를 공평하게 대하기 어려웠던 사례에 관해 말해 보세요.

4. 직원 한 명을 특별 대우했던 사례에 관해 말해 보세요. 그렇게 했던 이유는 무엇입니까? 어떤 영향이 미쳤나요?

5. 직원들을 대우하는 데 차등을 두고 싶었지만 부하 직원들 모두를 공평하게 대우했던 사례에 관해 말해 보세요.

부하 직원에 대한 관심
Caring About Direct Reports

1. 과거에 개인이나 팀의 성공을 축하해 주었던 경험에 대해 말해 보세요. 어떤 경우였나요?

2. 부하 직원이 수행한 업무를 칭찬해 주었던 경험에 대해 말해 보세요. 어떻게 했나요?

3. 부하 직원의 돋보이는 성과를 칭찬해 줄 기회를 놓친 경험에 대해 말해 보세요. 왜 기회를 놓쳤나요? 기회를 놓친 것을 알았을 때 어떻게 했나요?

4. 부하 직원이 자신의 헌신적인 노력에 자부심을 갖도록 하기 위해 꾸준히 진행했던 일이 있나요?

5. 부하 직원 한 명이 스트레스를 많이 받고 있던 상황에 대해 말해 보세요. 자신은 그 상황에 어떻게 대처했나요? 결과는 어땠나요?

6. 직원 한 명이 이상하다는 느낌이 들어서 대화를 나눈 경험에 대해 말해 보세요. 어떤 결과가 나왔나요?

7. 부하 직원 한 명의 업무 부담이 과중하다는 것을 알게 되었던 경험에 대해 말해 보세요. 어떤 조치를 취했나요? 결과는 어떻게 바뀌었나요?

8. 업무 관계의 동료/직원이 당신에게 개인적/민감한 상황에 대해 말하는 것을 정성껏 들어주면서 위로했던 상황에 대해 설명해 보세요.

부하 직원의 문제/불만/관심사에 대한 대처
Confronting Direct Report Problems/Issues/Concerns

1. 함께 일하기 까다로운 사람들이 있게 마련입니다. 가장 까다로운 부하 직원과 함께 일했던 경험과 반대로 가장 편한 부하 직원과 함께 일했던 경험에 관해 말해 보세요.

2. 부하 직원과 대립했던 경험에 관해 말해 보세요.

3. 부하 직원이 기대에 미치지 못했던 경험에 관해 말해 보세요.

4. 직원에 관한 문제를 감당할 수 없었던 경우를 설명해 보세요.

5. 성과 문제로 인해 직원에게 나쁜 고과를 하지 않을 수 없었던 경험에 관해 말해 보세요. 처음 문제점을 확인하고 해당 직원에게 나쁜 고과 결과를 통보할 때까지 시간이 얼마나 소요됐나요?

6. 불가피하게 부하 직원에게 업무 성과에 관해 지적한 후에 해당 직원을 교체할 수 있었던 경험에 관해 말해 보세요.

분석 능력
Analytical Skills

1. 지금까지 분석했던 정보 중에서 가장 복잡하거나 어려웠던 경우에 대해 말해 보세요.

2. 자신이 맡았던 업무나 프로젝트 중에서 자신의 정보 분석 능력이 가장 잘 발휘되었던 경우에 대해 말해 보세요.

3. 때때로 데이터를 요모조모 살펴보면서도 잘못 파악하는 경우가 있습니다. 이런 경험 사례에 대해 말해 보세요.

4. 찾아내지 못했다면 큰일 날 뻔했던 모순이나 오류를 찾아냈던 사례에 대해 말해 보세요.

5. 다른 사람이 당신의 '논리적 분석'을 비논리적이거나 불완전한 것으로 간주했던 경험에 대해 말해 보세요.

6. 가끔씩 분석할 데이터와 정보의 분량이 엄청나게 많을 때가 있다. 이런 상황에서 전체 데이터와 정보의 핵심 사항만을 간추려 요약하기 위해 어떻게 했었는지 말해 보세요.

불확실성에 대한 대처 능력
Ambiguity Ability to Deal With

1. 정보가 지연되거나 상반되거나 또는 불확실한 상황에서 업무를 수행해야 했던 경험에 대해 말해 보세요. 그 상황을 최대한 활용하기 위해 어떻게 했나요?

2. 불확실성으로 인해 업무나 프로젝트의 완수에 지장을 받았던 경험에 대해 말해 보세요. 무엇이 불확실했나요? 얼마 동안 불확실했나요?

3. 적절하지 않은 절차로 의사 결정을 내린 경험에 대해 말해 보세요. 결과는 어땠나요?

4. 누구든지 때때로 지시 사항이 불확실한 상황에서 업무를 수행하거나 목표를 달성하라는 지시를 받은 경험이 있다. 이런 상황에 대처하기 위해 어떻게 했는지 말해 보세요.

5. 정보 부족으로 인해 토론에 참여하지 못했거나 업무를 완수하지 못했던 경험에 대해 말해 보세요.

6. 임박한 마감 일정 때문에 거의 방향을 정하지도 못한 채 프로젝트/업무를 완수해야 했던 경험에 대해 말해 보세요.

비전 및 목표
Vision and Purpose

1. 자신이 제시한 미래에 대한 비전이 매우 감동적이어서 자신의 반대자들을 추종자로 바꿀 수 있었던 경험에 관해 말해 보세요.

2. 자신이 팀/부서/조직의 비전/사명/목표를 잊어버렸기 때문에 그에 따른 영향을 받았던 경험에 관해 말해 보세요.

3. 자신이 부서department/단위 조직unit의 비전을 세웠던 경우에 관해 설명해 보세요. 어떤 과정을 통해 비전을 세웠나요? 다른 사람들이 비전을 세우는 데 어떻게 관여했나요? 만약에 관여했다면 어떤 방식으로 관여했나요? 비전은 부서/단위 조직의 직무 수행에 기여했나요?

4. 현재 자신의 직책에서 추구하는 목표와 조직의 전체 목표 사이의 관계에 관해 말해 보세요.

5. 자신이 미래를 예상하고 변화를 실행하여 미래에 필요한 요구 사항을 충족시켰던 경우에 관해 말해 보세요. 예상했던 미래가 나타났습니까?

비즈니스 감각/조직 이해
Business Acumen/Understanding the Organization

1. 다른 부서에서 업무의 원활한 수행을 위해 당신이 속한 부서나 그룹을 활용한 사례에 대해 말해 보세요.

2. 자신이 속한 부문에서 내린 결정이 다른 부문이나 부서에 나쁜 영향을 미쳤던 사례에 대해 말해 보세요.

3. 자신이 내린 결정이 다른 부문이나 부서에 예상치 않게 좋은 영향을 미쳤던 경험에 대해 말해 보세요.

4. 자신에게 필요한 것을 얻을 수 있었던 결정적 요인이 바로 조직에 대한 이해력이었던 사례를 말해 보세요.

5. 조직에서 자신이 상사나 다른 직원들보다 먼저 문제점을 파악했던 경험에 대해 말해 보세요. 문제는 무엇이었으며, 결과는 어떻게 됐나요?

6. 조직 내 알력으로 인해 자신의 직무 수행에 영향을 받았던 경험에 대해 말해 보세요.

7. 자신이 속한 현재의 조직이 어떻게 운영되는지 알기 위해 어떤 노력을 했는지 말해 보세요.

상급자와의 편안한 관계 유지
Comfort Around Higher Management

1. 상급자가 수행한 업무의 성과에 찬사를 보냈던 경험에 대해 말해 보세요.

2. 상급자를 대상으로 프레젠테이션을 했던 경험에 대해 말해 보세요. 프레젠테이션을 하면서 어떤 느낌이 들었나요? 프레젠테이션은 어떻게 진행됐나요?

3. 상급자의 입장에서 대화를 전개한 탓에 상급자를 설득하여 일을 실행할 수 있었던 경험에 대해 말해 보세요.

4. 긴장하거나 신경이 날카로운 상태에서도 상급자들을 대상으로 프레젠테이션을 성공적으로 해낸 경험을 말해 보세요.

5. 상급자들이 선호하는 커뮤니케이션 방법을 알지 못해서 성공적인 결과를 얻지 못했던 경험에 대해 말해 보세요. 만약 다시 하게 된다면, 어떻게 다른 방법으로 해볼까요?

상대방에 대한 존중 표현
Showing Respect

1. 동료/고객/상급자와의 의견 차이를 해결해야 했던 경우에 관해 말해 보세요. 상대방을 존중하는 태도로 대했던 것을 어떻게 생각합니까?
2. 감성적이거나 민감한 문제에 대하여 직원에게 자신의 의견을 말했던 경험에 관해 말해 보세요.
3. 현재/과거의 업무에서 가치관, 아이디어, 신념이 각각 다른 사람들이 관련된 문제를 처리했던 방법에 관해 설명해 보세요.
4. 동료/직원이 자신에게 개인적이거나 민감한 문제에 관해 말하는 것을 진심으로 들어주고 연민의 감정을 표현하는 것이 필요했던 업무 상황에 대해서 말해 보세요.
5. 부하 직원들과 의견이 일치하지 않았던 사례에 관해 말해 보세요.
6. 감성이 풍부한 사람을 대해야 했던 경험을 설명해 보세요.
7. 다른 사람과 상황을 보는 시각이 아주 다르고 견해의 차이가 많았지만 상대방의 관점을 존중해 주었던 경우에 관해 설명해 보세요.

성과 관리 및 평가
Managing and Measuring Work Performance

1. 직원들의 활동, 업적, 목표 진행 상황 등을 지속적으로 파악하기 위해 어떤 방법을 사용했는지 말해 보세요.

2. 부하 직원의 실망스러운 업무 수행을 지적해야 했던 사례에 관해 말해 보세요.

3. 부하 직원 평가 절차에 관해 설명해 보세요.

4. 부하 직원에게 위임했던 업무에 피드백feedback loop을 했던 사례에 관해 말해 보세요.

5. 자신이 관리했던 주요 프로젝트에 관해 설명해 보세요. 어떻게 업무를 부하 직원에게 위임했나요? 어떻게 업무 과정을 점검했나요? 어떻게 업무의 중간 평가와 최종 평가를 진행했나요?

6. 자신이 부하 직원에게 징계 조치를 내려야 했던 사례에 관해 말해 보세요.

7. 자신이 직원이나 팀의 업무 관리에서 원하는 만큼 효과를 거두지 못했던 경우에 관해 말해 보세요.

8. 자신의 팀에 대한 새로운(또는 기존의 기준에서 크게 상향 조정된) 성과 기준을 정하는 것이 필요했던 경우를 말해 보세요. 이 기준의 내용은? 자신이 새로운 기준을 제시해야 했던 이유는 무엇이었나요? 이러한 변경 내용을 어떻게 전달했나요? 영향을 받는 직원들은 어떤 반응을 보였나요? 직원들이 새로운 성과 기준을 충족시킬 수 있었나요? 새로운 성과 기준을 충족시킬 수 없었다면, 그 이유는 무엇이었나요?

스트레스 관리
Stress Management

1. 자신의 스트레스 대처 능력을 검증할 수 있는 스트레스 요인을 만났던 상황에 관해 말해 보세요.

2. 여러 가지 프로젝트를 수행하면서 우선순위에 따라 절묘하게 처리해야 했던 사례에 관해 말해 보세요. 어떤 프로젝트였습니까? 어떻게 프로젝트를 처리했습니까?

3. 팀이 상당한 스트레스를 받았던 경우에 관해 설명해 보세요. 자신은 팀원들이 스트레스를 해소하는 것을 돕기 위해 어떻게 했나요? 그 결과는 성공적이었나요?

4. 스트레스를 받는 상황에 제대로 대처하지 못했던 경험에 관해 말해 보세요.

5. 마감 시간이 임박한 상태에서 업무를 수행해야 했던 경우에 관해 말해 보세요. 임무를 제시간에 완수했나요? 어떻게 완수했나요(왜 완수하지 못했나요)?

6. 누구든지 업무나 프로젝트 때문에 압박감을 느끼는 경우가 있습니다. 자신이 겪었던 이런 경험에 관해 말해 보세요.

7. 자신이 어떤 사람이나 대상으로 인해 정말로 화가 났던 상황에 관해 설명해 보세요.

8. 자신이 스트레스를 받는 상황에서도 제대로 수행해야 했던 프로젝트에 관해 말해 보세요.

시간 관리
Time Management

1. 짧은 시간 큰 성과를 거뒀던 경험에 관해 말해 보세요.

2. 자신이 최선의 노력을 기울였지만 프로젝트를 예정대로 완수할 수 없었던 사례에 관해 말해 보세요.

3. 자신이 빡빡한 일정 속에서 여러 가지 업무/프로젝트를 완수해야 했던 경험에 관해 말해 보세요.

4. 자신에게는 중요하지만 조직의 입장에서는 별로 중요하지 않은 일을 하면서 다른 사람의 시간을 낭비했던 경험에 관해 말해 보세요.

5. 짧은 시간 내에 일의 우선순위가 변했던 사례에 관해 말해 보세요. 당신은 어떻게 했나요? 어떤 결과를 얻었나요?

6. 구체적 사례를 통해 자신이 다른 사람들보다 더 적은 시간에 더 많은 일을 해낼 수 있다는 것을 설명해 보세요.

시스템 관리
Systems Management

1. 자신의 사회/조직/기술 시스템에 대한 이해력 덕분에 더욱 큰
   성공을 거두었던 경험에 관해 말해 보세요.

2. 사업 또는 산업계의 동향이나 변화를 파악하여 회사/부서/팀 내
   부에 적절한 변화를 유도하여 다가오는 기회를 포착하거나 활
   용하도록 했던 사례에 관해 말해 보세요.

3. 업계 상황을 제대로 파악하지 못하여 회사/부서/팀이 피해를
   입지 않도록 필요한 조치를 취할 수 없었던 경우에 관해 설명
   해 보세요.

4. 자신이 설계하거나 개선한 시스템에 관해 말해 보세요. 시스템
   을 설계하거나 개선한 이유는 무엇입니까? 결과적으로 어떤
   이익을 얻었습니까? 시스템의 설계/개선 작업의 영향을 받은
   사람은 누구입니까? 사람들의 반응은 어땠나요?

시야
Perspective

1. 자신의 폭넓게/광범위하게/전략적으로 생각하거나 전체를 바라보는 능력 덕분에 자신이나 다른 사람의 실수를 예방했던 경험에 관해 말해 보세요.

2. 자신의 프로젝트, 사안, 문제를 좁은 시야로 바라본 경험에 관해 말해 보세요.

3. 자신이 장래에 대한 다양한 시나리오를 제시하여 적절한 조치가 분명히 취해지도록 할 수 있었던 사례에 관해 말해 보세요.

4. 자신이 개인적으로 또는 사업적인 이해관계를 통해 알게 된 것을 적용하여 사업적인 문제나 도전에 대처할 수 있었던 경험에 관해 말해 보세요.

5. 자신이 '이럴 경우 어떻게 될 것인가what if?' 시나리오를 면밀하게 검토하고 적절하게 활용하여 중대한/치명적인 문제의 발생에 대처했던 경험에 관해 말해 보세요.

신뢰
Trust

1. 자신이 다른 직원을 불신해서, 결과적으로 자신과 그 직원 사이에 긴장이 조성됐던 경험에 관해 말해 보세요. 당신은 긴장 관계를 개선하기 위해 어떻게 했나요? 관계 개선을 위한 노력은 성공했나요?

2. 업무 또는 프로젝트에 관한 자신의 활동이나 진행 상황을 상사에게 지속적으로 알리지 않았던 사례에 관해 말해 보세요.

3. 자신이 업무를 수행하면서 언행일치를 실천하지 못했던 사례에 관해 말해 보세요.

4. 자신이 업무를 수행하면서 어떤 사람의 의심스러운 점을 선의로 이해해 주어야 했던 경험에 관해 말해 보세요.

5. 자신의 신뢰성이 의심 받았던 경우에 관해 말해 보세요. 어떻게 반응/대응했나요?

6. 지금까지 자신과 부하 직원 간에 충실하면서 신뢰할 수 있는 관계를 발전시켰던 경험에 관해 말해 보세요.

7. 동료/감독자를 불신해서 결과적으로 자신과 그 동료/감독자 사이에 긴장이 조성됐던 경험에 관해 말해 보세요. 당신은 긴장 관계를 개선하기 위해 어떤 조치를 취했나요?

8. 신뢰에는 개인적인 책임감이 요구됩니다. 자신이 어떤 사람을 신뢰하기로 결정했던 경험에 관해 말해 보세요.

1. 지금까지 자신이 제시하고 동료, 직원 또는 고위 경영층이 공감을 표시했던 최고의 아이디어에 관해 말해 보세요. 어떤 접근 방법을 활용했나요? 어떤 요인 때문에 성공할 수 있었다고 생각합니까?

2. 어떤 문제의 발생을 예상하고 자신의 영향력이나 설득력을 발휘하여 상황을 긍정적인 방향으로 변화시킬 수 있었던 경험에 관해 말해 보세요.

3. 다른 사람을 설득하여 주목받지 못하던 프로젝트나 아이디어를 지원하도록 설득했던 경험에 관해 말해 보세요.

4. 자신의 관점/처리 방식을 따르도록 누군가를 설득하는 데 성공했던 경험에 대해 말해 보세요(주: 설득당한 사람의 직급을 반드시 확인해야 한다).

5. 자신의 대인 관계 능력을 활용하여 목표 달성을 위한 네트워크를 구축했던 경험에 관해 말해 보세요.

6. 자신이 다양한 관점을 가진 여러 다른 개인/그룹들에게 영향력을 행사하여 자신이 원하거나 필요로 했던 것을 지원하도록 했던 사례에 관해 말해 보세요. 어떤 식으로 영향력을 행사했나요? 어떻게 개인/그룹별로 영향력을 다르게 행사했나요?

7. 자신이 다른 사람을 설득하여 자기 자신도 확신하지 못하는 정책, 관례, 절차를 따르도록 해야만 했던 사례에 관해 말해 보세요.

8. 언어를 통해 다른 사람에게 영향력을 행사할 수 있는 능력을 보여 주었던 경험에 관해 설명해 보세요. 예컨대 태도 변화, 아이디어에 대한 지지 유도, 과정/절차 변경이 포함된 사례를 들어 말해 보세요.

9. 자신이 어떤 사람을 설득하여 상대방이 처음에는 원하지 않았던 일을 실행하도록 했던 사례에 관해 말해 보세요.

10. 자신이 어떤 사람을 설득하여 자신의 아이디어나 제안을 받아들이도록 했던 경험에 관해 말해 보세요.

실패 사례

11. 자신의 아이디어를 핵심 인물에게 제시하여 지지를 이끌어 낼 수 없었던 경험에 관해 말해 보세요.

12. 자신의 관점/처리방식을 따르도록 누군가를 설득하는 데 성공했던 경험에 대해 말해 보세요.

용기
Courage

1. 별로 호응이 없을 것이라는 것을 알면서도 과감히 결정을 내리지 않을 수 없었던 경우에 대해 설명해 보세요.

2. 어떤 중요한 사안에 대해 자신이 주도권을 쥐고 진행은 다른 사람들이 하도록 하면서 원하는 성과를 이루는 데 핵심적인 역할을 수행했던 상황에 관해 간략히 설명해 보세요.

3. 자신이 내린 결정이 비록 호응이 없더라도 그 결정을 과감히 추진했던 상황에 관해 말해 보세요.

4. 리더십이 필요했던 상황 중에서 만약에 다시 한 번 기회가 주어진다면 다른 방식으로 처리하고 싶은 상황에 관해 설명해 보세요.

5. 자신이 말할 필요성을 느낀 사항에 대한 발언을 자제했던 상황에 관해 설명해 보세요. 자신의 결정에 대해 후회하나요? 자신의 결정에 대해 후회하거나 또는 후회하지 않는 이유는?

6. 동료나 상급자의 행동에 관한 자신의 건설적인 의견을 당사자에게 알릴 필요가 있었던 사례에 관해 말해 보세요.

7. 자신이나 자신의 팀이 필요로 하거나 받을 만한 자격이 있는 어떤 것을 얻기 위해 자신의 주장을 내세워야 한다고 느꼈던 상황에 관해 설명해 보세요.

위임
Delegation

1. 직원을 임명하여 의사 결정을 하거나 주요 업무 또는 임무를 수행하도록 했던 사례에 관해 말해 보세요.

2. 자신이 업무 또는 프로젝트의 위임 작업을 원활하게 수행하지 못했던 경험에 관해 말해 보세요. 어떤 상황이 벌어졌나요? 이를 통해 얻은 교훈은 무엇입니까? 자신이 얻은 교훈을 다른 상황에 어떻게 적용했나요?

3. 부하 직원들에게 할당하는 업무의 종류에 관해 말해 보세요. 부하 직원들에게 할당하지 않는 업무는 무엇입니까?

4. 위임해야 했던 업무/프로젝트를 위임하지 않았던 사례에 관해 말해 보세요.

5. 대규모 프로젝트 또는 업무의 일부분을 자신의 부하 직원들 중 일부에게 위임해야 했던 경험에 관해 말해 보세요. 위임 업무와 위임 대상자는 어떻게 결정했나요? 어떤 문제가 발생했나요?

6. 자신의 직원 한 명에게 위임했던 주요 프로젝트 또는 업무의 사례에 관해 말해 보세요. 프로젝트 또는 업무를 어떻게 관리했나요?

7. 프로젝트 또는 업무의 위임 작업을 제대로 수행하지 못했던 사례에 관해 말해 보세요.

위험 감수
Risk Taking

1. 자신이 내부 또는 외부 고객을 상대로 과거에 결코 경험해 본 적이 없는 것을 시도해야 했던 경험에 관해 말해 보세요.

2. 고객의 요구를 만족시키기 위해 회사의 정책을 위반하는 것이 필요하거나 타당하다고 생각했던 사례에 관해 말해 보세요.

3. 지금까지 자신이 내린 가장 위험성이 컸던 업무 결정에 관해 설명해 보세요. 이 결정을 내린 이유는 무엇입니까? 성공적인 결과를 얻었나요? 만약에 결과가 성공적이라면 그 이유는 무엇이며, 결과가 성공이지 않다면 그 이유는 무엇입니까?

4. 나중에 생각해 보니 업무 관련 위험을 감수하지 말았어야 했는데 감수했던 사례에 관해 설명해 보세요.

5. 위험성이 있다고 여겨지는 새로운 업무 과정이나 프로그램을 만들어 냈던 상황에 관해 말해 보세요. 이것은 어떤 상황이었습니까? 자신은 무엇을 했습니까?

6. 결정을 내려야 할 사항이 있는데 절차나 정책이 적절하지 않았던 사례에 관해 말해 보세요. 어떤 결과를 얻었나요?

7. 지금까지 자신이 감수했던 가장 큰 사업적인 위험성에 관해 말해 보세요.

8. 자신이 모험을 시도할 기회가 있었지만 위험성이 너무 크다는 결론을 내렸던 경험에 관해 말해 보세요.

9. 자신이 모험을 시도했지만 실패했던 경험에 관해 말해 보세요.

유머 활용
Using Humor

1. 자신의 유머 감각을 활용하여 잠재적인 문제를 해소했던 경험에 관해 말해 보세요.
2. 자신의 행동이 워낙 어리석어서 스스로 자책할 수밖에 없었던 사례에 관해 말해 보세요.
3. 자신의 유머 감각을 활용하여 긴장을 풀었던 상황에 관해 말해 보세요.
4. 과거에 자신의 유머 감각을 제대로 활용하지 못했기 때문에 업무 성과가 개선되지 않아서 아쉬웠던 경험에 관해 말해 보세요.
5. 자신의 유머로 인해 오히려 자신에게 불리한 결과가 초래되었던 경험에 관해 말해 보세요.
6. 자신이 다른 사람의 부적절한 유머 활용에 효과적으로 대처했던 경험에 관해 말해 보세요.
7. 자신의 유머 감각 덕분에 더욱 큰 성공을 거두었던 사례에 관해 말해 보세요.

유연성/적응성
Flexibility/Adaptability

업무 변경

1. 프로젝트/아이디어/과업에 관한 작업 수행을 중단하고 완전히 다른 업무를 시작해야 했던 경험을 말해 보세요. 자신은 어떻게 대처했나요? 그 작업은 어떻게 처리됐나요?

2. 빡빡하게 짜인 일정이 중간에 깨지면서 하루 일정이 완전히 엉망이 돼버린 사례에 관해 말해 보세요.

3. 자신의 행동을 특정한 상황에 맞추어 변경했던 경험에 관해 말해 보세요(주: 최소한 다음을 확인할 것 — 당시 상황, 원래 취하려 했던 행동, 행동 변경 원인, 행동의 적절성 여부 등).

수정 또는 변경의 필요성

4. 자신이 업무의 우선순위를 변경하거나 수정하여 다른 사람 또는 그룹의 기대를 충족시켰던 경험에 관해 말해 보세요.

5. 새로운 정보 또는 우선순위의 변경을 고려해 자신의 관점이나 계획을 변경해야 했던 경험에 관해 말해 보세요.

6. 자신의 행동을 변경하거나 수정하여 다른 사람의 요구를 들어주도록 하라는 지시를 받았던 경험에 관해 말해 보세요. 이런 지시가 공정했다고 생각하나요? 공정했다고 혹은 공정하지 않았다고 생각하는 이유는 무엇입니까?

7. 이미 자신이 내렸던 의사 결정에 영향을 주었던 새로운 정보의 내용을 밝혔던 사례에 관해 말해 보세요.

8. 어쩔 수 없이 변화에 적응해야 했던 경험을 말해 보세요.

9. 프로젝트/과업/목표를 완수하기 위해 다른 사람의 업무 스타일에 적응해야 했던 경험에 관해 말해 보세요.

기타

10. 스스로 어려운 상황에서 벗어나야 했던 경험을 말해 보세요.

11. 중요한 목표를 달성하기 위해서 큰 희생을 감수해야 했던 경험에 관해 말해 보세요.

실패/부정적 사례

12. 자신이 정책, 절차 또는 운영 방식에 주의를 기울이지 않았다가 나중에 후회했던 사례에 관해 말해 보세요.

13. 자신이 목표를 달성하는 데 요구되는 희생을 감수할 수 없거나 감수할 의향이 없었던 사례에 관해 말해 보세요.

14. 오늘날 정책과 절차가 계속 변화하고 있습니다. 이런 변화 대처에 어려움을 겪었던 사례를 말해 보세요. 어떤 변화 요소 때문에 어려움을 겪었나요? 어떻게 그 상황을 처리했나요?

의사 결정
Decision Making

어려운 결정

1. 지난 1년/6개월 동안 자신이 내렸던 가장 어려운(또는 최선의) 결정에 관해 말해 보세요. 의사 결정이 매우 어려웠던 이유는? 어떤 과정을 통해 의사 결정을 내렸나요?

2. 자신이 지원, 정보, 의견, 데이터 제공과 같은 요소는 물론이고 많은 갈등 요소들까지도 면밀히 검토하여 의사 결정을 내려야 했던 사례에 관해 말해 보세요.

3. 판단의 근거로 삼을 만한 사실적 자료가 전혀 없는 상태에서 어려운 결정을 내려야 했던 사례에 관해 말해 보세요.

신속한 의사 결정

4. 신속하게 의사 결정을 했던 경우와 느긋하게 의사 결정을 했던 사례에 관해 말해 보세요.

5. 부족한 정보를 가지고 신속한 결정을 내렸던 경험에 관해 말해 보세요.

잘못된 또는 "번복한" 결정

6. 직무상 자신이 내렸던 최악의 결정에 관해 말해 보세요.

7. 누구든 의사 결정에서 실수를 범합니다. 정말로 다시 결정하고 싶었던 의사 결정에 관해 말해 보세요. 만약 다시 할 수 있다면, 의사 결정에 어떤 차이가 생깁니까?

8. 내부적으로 처리해야 했던 업무였는데 실제로는 하청업자나 컨설턴트를 활용한 사례에 관해 말해 보세요.

중요한 결정

9. 현재까지도 영향을 미치고 있는 사업적인 결정을 내려야 했던 사례에 관해 말해 보세요.

기타

10. 어떤 문제에 대해 공적(公的)인 입장을 취했는데 나중에 자신의 입장을 변경해야 했던 경험에 관해 말해 보세요.

11. 자신의 결정이 호응이 없을 것이라는 것을 미리 알면서도 결정을 내리지 않을 수 없었던 경우를 설명해 보세요.

12. 정책/절차가 적절하지 않은 상태에서 의사 결정을 내려야 했던 사례에 관해 말해 보세요.

13. 만약에 자신이 즉시 행동하지 않았다면 중대한 문제를 초래했을 상황에 관해 말해 보세요.

14. 금전적인 측면을 고려하여 원래의 의도와 다른 결정을 내렸던 사례에 관해 말해 보세요.

15. 자신의 의사 결정을 변호해야 했던 경험에 관해 말해 보세요.

의사소통(구두)
Communication(Oral)

성공적인 의사소통

1. 지금까지 자신이 다른 사람에게 설명해야 했던 가장 복잡하거나 어려웠던 아이디어, 상황 또는 과정에 대해 말해 보세요. 어떻게 설명을 했나요? 결과는 성공적이었나요?

2. 일을 성사시키기 위해 다방면의 의사소통 능력을 보여 주어야 했던 경험에 대해 말해 보세요.

3. 자신의 생각을 다른 사람이나 그룹에 명확히 전달하는 데 어려움을 느꼈던 경험을 말해 보세요. 어떤 메시지를 전하려고 했나요? 메시지 전달의 어려움을 초래한 요인은 무엇이었나요? 핵심 사항의 전달을 어떻게 마무리했나요?

4. 자신에게 매우 중요한 사항을 구두로 전달했던 경험을 말해 보세요. 성공적인 결과를 얻었나요? 결과의 성공 여부를 어떻게 알게 되나요?

5. 자신을 좋아하지 않는 사람과 의사소통을 잘해서 일이 잘 풀렸던 경험에 대해 말해 보세요.

6. 자신이 좋아하지 않는 사람과 의사소통을 잘해서 일이 잘 풀렸던 경험에 대해 말해 보세요.

7. 주로 구두로 의사소통을 할 수 있는 능력 덕분에 성공할 수 있었던 경험을 말해 보세요.

8. 많은 사람들에게 수많은 질문을 하여 정보를 수집해야 했던 상황에 관해 설명해 보세요.

9. 민감하거나 변화무쌍한 상황에서 아주 신중한 의사소통이 필요했던 경험에 대해 말해 보세요.

10. 자신의 생각이나 느낌을 다른 사람들에게 알리기 위해 터놓고 이야기해야 했던 근무 경험에 관해 말해 보세요.

11. 자신의 견해를 존중하지 않는다고 생각되는 사람과 일이 잘 풀렸던 경험에 대해 말해 보세요.

12. 다른 사람들이 의사소통을 잘해 나가는 것을 목격했던 경험을 말해 보세요. 다른 사람들은 어떻게 했나요? 의사소통이 효과적으로 진행된 이유는 무엇이라고 생각하나요?

실패한/오해를 초래한 의사소통

13. 자신의 말이 다른 사람의 오해를 일으켰던 경험에 대해 말해 보세요. 어떻게 자신이 오해 받았다는 생각을 하게 됐나요? 어떻게 자기 자신을 해명했나요? 이 경험을 통해 의사소통 능력을 향상시키는 데 활용할 수 있는 것을 얻었다면 무엇인가요?

14. 중요한 정보를 상사에게 전달하지 못했던 경험에 대해 말해 보세요.

15. 자신의 부하/거래처/고객과의 의사소통이 효과적이지 못했던 경험에 대해 말해 보세요. 자신이 효과적으로 의사소통을 하지 못했던 것을 어떻게 알게 됐나요? 의사 전달의 실패를 암시

하는 징후는 무엇이었나요? 그 상황에 어떻게 대처했나요? 이를 통해 배운 것은 무엇입니까?

16. 상대방에 대한 혐오감 때문에 효과적인 의사소통에 부정적인 영향을 초래했던 경험에 대해 말해 보세요.

의사소통(문서)
Communication(Written)

1. 자신이 작성한 중요한 보고서의 사례를 말해 보세요.

2. 가장 자신 있게 작성할 수 있는 문서의 종류를 말해 보세요.

3. 문서 내용으로 오해받은 사례를 말해 보세요. 어떻게 자신이 오해 받았다는 생각을 하게 됐나요? 어떻게 해명했나요?

4. 중요한 핵심 사항을 이해시키기 위해 자신의 문서 작성 능력을 활용해야 했던 경험에 관해 말해 보세요.

5. 자신이 서면으로 작성해야 했던 가장 중요한 또는 창의적인 문서 프레젠테이션에 관해 설명해 보세요.

6. 서면으로 중요한 메시지를 전달한 경험을 말해 보세요.

7. 자신이 보고서를 작성하여 다른 사람들의 호의적인 반응을 받았던 경험에 관해 설명해 보세요.

8. 자신이 원했지만 문서화하지 못한 경험에 관해 말해 보세요.

9. 서면으로 정보를 전달했는데, 나중에 알고 보니 구두로 했어야 했다고 깨달았던 경험에 대해 말해 보세요.

인내심
Patience

1. 자신이 무슨 말을 하고 있는지도 모르는 어떤 사람의 말을 더 이상 참고 들을 수 없었던 경험에 관해 말해 보세요.

2. 어떤 업무 과정이 자신의 업무 완수에 지장을 초래한다고 생각되었던 사례에 관해 말해 보세요.

3. 자신의 행동에 지침이 되기는 하지만 아주 싫어하는 업무 과정이나 절차에 관해 설명해 보세요.

4. 행동 전에 충분한 정보를 수집하지 못한 경험을 말해 보세요.

5. 사람이나 정보를 잘못 판단한 사례에 관해 말해 보세요.

6. 정책에 동의하지는 않지만 그래도 따랐던 사례에 관해 말해 보세요. 그 정책을 따랐던 이유는 무엇입니까? 그 정책을 따르지 않았다면 어떤 결과가 생겼을까요?

7. 현재의 직책에서 저질렀던 가장 중대한 판단 착오에 관해 말해 보세요. 자신이 판단 착오를 했던 이유는 무엇입니까? 어떻게 자신의 판단 착오를 바로잡았나요?

자기 개선, 학습 및 개발
Self-Improvement, Learning, and Development

긍정적 사례

1. 자신이 짧은 시간 동안 새로운 또는 어려운 것을 배워야 했던 상황에 관해 말해 보세요. 이 상황의 발생 요인은 무엇이었습니까? 무엇을 배워야 했습니까? 어떤 방식으로 배웠습니까?

2. 자신이 익숙하지 않은 업무를 수행해야 했던 경험에 관해 말해 보세요.

3. 지금까지 경험한 자기 발전을 위한 실천 사례에 관해 말해 보세요.

4. 지식 면에서 다른 사람이 자신을 능가했던 사례에 관해 말해 보세요. 이 격차를 어떻게 줄였습니까?

5. 과거/현재의 직책에서 실행했던 사항 중에서 자신이 특히 자부심을 느낀 사항에 대해 말해 보세요.

6. 자신이 다른 사람과 확연히 구별되는 결과를 발생시킨 자기계발의 구체적인 실천 사항에 관해 말해 보세요.

7. 자신의 한 가지 강점을 활용하여 다른 사람의 성공에 도움을 주었던 사례에 관해 말해 보세요.

실패 경험에 의한 학습 효과

8. 자신의 성과가 아주 실망스럽거나 아쉬웠던 상황에 관해 말해 보세요. 이 상황을 처리하기 위해 무엇을 했습니까?

9. 부정적인 경험을 교훈을 얻을 수 있는 기회로 활용할 수 있었

던 경우에 관해 말해 보세요.

10. 만약에 다시 한 번 해야 한다면 달리 처리하고 싶은 상황이나 업무와 관련된 의사 결정에 관해 설명해 보세요.

11. 자신에게 최악의 결과를 초래한 업무 상황에 관해 말해 보세요. 자신에게 최악의 결과를 초래한 이유는 무엇입니까? 이를 통해 어떤 교훈을 배웠습니까?

12. 자신의 한 가지 약점을 극복하지 못했던 경험에 관해 말해 보세요.

13. 실패 경험을 통해 배웠던 사례를 말해 보세요. 어떤 교훈을 배웠습니까? 이 교훈을 어떻게 적용했습니까? 이를 통해 업무 스타일이나 접근 방법이 어떻게 변했습니까?

14. 자신이 상사나 동료로부터 마음에 새기면서 업무 수행에 활용할 수 있는 건설적인 의견을 받았던 경험에 관해 말해 보세요.

15. 누구든지 자신의 성공에 걸림돌이 될 수 있는 약점을 가지고 있습니다. 자신의 한 가지 약점을 극복하고 특정한 업무나 프로젝트를 성공적으로 수행했던 경험에 관해 말해 보세요.

16. 평판 조회 시 현재나 과거의 상사가 말하지 않기를 바라는 자신의 인적 사항 한 가지만 말해 보세요.

17. 자신의 성과에 실망했던 경험에 관해 말해 보세요.

자발성
Initiative

프로젝트 관련 사항

1. 작년에 자신이 주도적으로 관여했던 중요한 프로젝트 아이디어에 관해 말해 보세요. 이 프로젝트 아이디어의 필요성을 어떻게 알게 됐나요? 그 프로젝트 아이디어는 활용됐나요? 어떻게 진행됐나요?

2. 자신이 아이디어를 제안하고 전체 업무 과정을 관리했던 프로젝트에 관해 말해 보세요.

3. 자신이 충분한 정보나 지침이나 안내사항 없이 완수해야 했던 업무나 프로젝트에 관해 말해 보세요.

4. 주로 자신의 노력을 통해 성공적으로 실행되었던 아이디어나 프로젝트(자신의 제안 여부와 관계없이)에 관해 말해 보세요.

자발적으로 추진하는 변화(주도적)

5. 자신이 스스로 사전에 준비를 갖추고 대처했던 상황에 대하여 설명해 보세요.

6. 자신의 일을 더욱 손쉽고 흥미 있게 만들기 위해 수행했던 작업의 사례를 말해 보세요.

7. 자신의 잠재적 문제를 기회로 인식했던 경우를 설명해 보세요.

매우 충실한 직무 수행

8. 자신의 업무를 완수하기 위해 부여된 임무를 초과할 정도로

일했던 경험에 관해 말해 보세요.

9. 업무가 주어질 때까지 기다리기보다는 자발적으로 업무를 실행했던 경험을 말해 보세요.

10. 자신이 추가적으로 수행할 업무를 맡으려고 노력했던 사례에 관해 말해 보세요.

11. 자신의 직무에서 기대 이상으로 좋은 평가를 받은 사례에 관해 말해 보세요.

12. 자신이 필요 이상으로 업무에 매진했던 경험에 관해 말해 보세요.

13. 실제로 자신의 담당 업무는 아니었지만 수행해야 하는 작업을 주도적으로 추진했던 경험에 관해 말해 보세요. 어떤 상황에서 작업이 이렇게 추진되었습니까?

14. 누구나 좌절할 때가 있습니다. 과거에 좌절했던 경험에 대해 말해 보세요. 왜 좌절했나요? 그 좌절에 어떻게 대처했나요?

실패/부정적 사례

15. 자신이 경영자들에게 제시하여 호의적인 반응을 얻으려고 노력했지만 채택되지 않았던 아이디어에 관해 말해 보세요. 자신의 아이디어가 채택되지 않았던 이유는 무엇이라고 생각합니까? 만약에 다시 한 번 기회가 주어진다면 어떻게 하겠습니까?

자원 관리
Resource Management

1. 누구나 일을 다하는 데는 시간이 부족합니다. 자신이 업무와 프로젝트에 필요한 시간을 정확히 파악하는 능력 덕분에 성공했던 경험에 관해 말해 보세요.

2. 이전보다 많은 예산을 확보했던 경우에 관해 말해 보세요. 확보된 예산이 초과되지는 않았는지요? 어떤 변수가 있었습니까? 예산의 변경이 필요했습니까(만약에 변경이 필요했다면, 예산 변경의 방법과 이유는 무엇이었습니까)?

3. 자재 확보, 보관, 활용이 핵심적인 요소인(예컨대 제품 수명이 짧은) 프로젝트를 운영한 경험에 관해 말해 보세요.

4. 업무와 프로젝트를 완수하는 데 필요한 자원을 과소평가하였지만 자원 부족의 문제를 극복하고 성공적으로 마무리했던 사례에 관해 말해 보세요.

5. 프로젝트에 필요한 인력 산정이 부정확했던 경우에 관해 말해 보세요. 프로젝트에 필요한 인력의 산정이 부정확했던 이유는 무엇이었습니까?

6. 특히 어려운 인력/자재/예산에 대한 자원 관리 문제를 처리해야 했던 경험에 관해 말해 보세요.

7. 누구나 필요할 때 필요한 자원을 확보할 수 없는 경우가 있습니다. 자신이 필요한 자원을 확보할 수 없는 상황에서 프로젝트나 목표를 완수해야 했던 경험에 관해 말해 보세요.

8. 때때로 일반 사람들이나 조직의 부서에서 자신의 목표 달성을

위한 유일한 방법이 파트너 관계의 형성인 경우도 있습니다. 자신이 파트너 관계를 형성하지 못했다면 아마 목표를 달성하지 못했던 경험에 관해 말해 보세요.

작업장의 안전
Safety in the Workplace

1. 대개 직원들은 보호 장비를 착용하라는 요구를 받지만 보호 장비가 착용하기에 거북하거나, 불편하거나, 번거롭다고 여깁니다. 자신이 경험한 이런 상황에 관해 말해 보세요(주: 반드시 어떤 장비인지, 장비를 착용하거나 착용하지 않는 이유와 장비 착용 여부를 결정하는 요인이 무엇인지 밝혀야 한다).

2. 작업장 안전이 개인적인 문제는 아닙니다. 단지 다른 사람들을 참여하도록 함으로써 작업장의 안전을 개선할 수 있었던 사례에 관해 말해 보세요.

3. 지금까지 자신이 처리했던 가장 어려운 안전 문제에 관해 말해 보세요. 특히 작업장의 안전이 가장 어려운 문제가 되었던 이유는 무엇입니까?

4. 자신이 잠재적인 안전 문제를 파악하여 안전 문제를 미연에 방지했던 경험에 관해 말해 보세요.

5. 지금까지 자신이 작업장의 안전도를 향상시킨 방법에 관해 말해 보세요.

1. 자신의 활동 분야에서 얻은 지식을 통해 다가오는 도전이나 기회를 미리 파악하고 그에 대한 대응 전략을 사전에 마련할 수 있었던 경험에 관해 말해 보세요.

2. 사업상의 장단기 요구 사항, 목표 또는 목적에 맞추어 개발한 전략의 사례에 관해 말해 보세요.

3. 경쟁 관계에 있는 상대방의 장단점을 파악하여 시장에서 경쟁 우위를 차지할 수 있었던 사례에 관해 말해 보세요.

4. 자신이 확인하고 추구했던 전략적 주도권 또는 기회에 관해 말해 보세요.

5. 부서/팀의 전략적 우선순위가 조직의 전략적 우선순위와 일관성을 갖도록 구성하지 못했던 사례에 관해 말해 보세요.

6. 미래를 전망하는 능력 덕분에 조직/부서/팀에 이로운 결과를 가져올 수 있었던 경험에 관해 말해 보세요.

정보 공유
Information Sharing

1. 자신이 요구한 업무를 수행하는 데 필요한 정보를 자신의 팀이나 팀원들에게 제공하지 않았던 경험에 관해 말해 보세요.

2. 자신의 부하 직원이 의사 결정을 하는 데 도움이 되는 정보를 해당 직원에게 제공했던 사례에 관해 말해 보세요.

3. 다른 사람들에게 매우 유익하게 활용되었을 정보의 제공이 자신 때문에 지연되었던 경우에 관해 말해 보세요.

4. 자신이 다른 사람들과 유용한 정보를 공유하는 가슴 뿌듯한 일을 해냈다고 느꼈던 경험에 관해 말해 보세요.

5. 정보의 비밀 유지는 매우 중요합니다. 최근에 정보 이용 권한이 없는 사람이 자신에게 정보를 요청했던 사례에 관해 말해 보세요. 어떻게 대처했습니까?

6. 자신이 뒤늦게 부하 직원들이나 팀원들과 정보를 공유하는 바람에 관련된 여러 사람들에게 부정적인 영향을 주었던 사례에 관해 말해 보세요.

정보 수집
Information Gathering

1. 자신이 정보를 충분히 수집하지 못한 결과로 그릇된 결정을 내리거나 잘못된 조치를 취했던 경험에 관해 말해 보세요.

2. 자신이 꾸준히 수집한 정보 덕분에 좋은 성과를 거두었던 경험에 관해 말해 보세요.

3. 지난 2년 동안 업무나 프로젝트 수행에 필요한 정보를 수집하면서 겪었던 가장 큰 어려움에 관해 말해 보세요.

4. 정보 부족으로 인해 어떤 대상에 대해 자기 의견을 표시하지 않는 것이 현명하다고 느꼈던 경험에 관해 말해 보세요.

5. 자신이 구축한 강력한 네트워크 덕분에 다른 사람들이 확보할 수 없는 정보를 수집했던 사례에 관해 말해 보세요.

정치 감각/재치 있는 대응
Political Awareness/Savvy

1. 자신이 관여된 정치적으로 민감한 상황과 어떻게 대처했는지 설명해 보세요.

2. 자신이 의식적으로 조직의 정치적인 플레이를 도모하지 않았던 경험에 관해 말해 보세요.

3. 자신이 제대로 처리하지 않았으면 폭발할 가능성이 있었던 정치적으로 복잡한 상황을 효과적으로 침착하게 처리할 수 있었던 사례에 관해 말해 보세요.

4. 자신의 아이디어에 우선해서 다른 사람의 아이디어를 이행하는 데 동의했던 상황에 관해 설명해 보세요. 이 상황에 어떻게 대처했습니까? 그 상황에 대해 어떻게 생각했습니까? 아이디어의 이행은 성공적이었나요? 아이디어의 이행이 성공했던/성공하지 못했던 이유는 무엇이었습니까?

5. 자신이 엄청난 계략을 예상하고 그에 대한 장래의 대책을 계획했던 경험에 관해 말해 보세요.

6. 정치적인 이익을 도모하려는 자신의 의지 덕분에 성공했던 경험에 관해 말해 보세요.

7. 업무상의 정치가 자신의 작업에 영향을 주었던 상황에 관해 설명해 보세요. 이 상황에 어떻게 대응했습니까? 상황 대응은 성공적이었나요?

8. 자신의 정치적인 수완을 발휘하면서 사안을 추진하여 승인을 얻어 낸 사례에 관해 말해 보세요.

9. 자신도 모르는 사이에 전략적인 계략에 빠져 들었던 상황을 말해 보세요. 이 실책이 유발된 요인은 무엇입니까? 그 실책은 무난하게 해결됐습니까? 어떻게 해결됐습니까?

10. 자신이 정치적인 상황을 성공적으로 통과할 수 없었던 경험에 관해 말해 보세요.

11. 자신이 처한 곤경에서 벗어나기 위해 정치적으로 해결책을 모색해야 했던 경우에 관해 설명해 보세요.

조직화
Organization

1. 여러 가지 업무를 동시에 처리해야 했던 경험에 대해 말해 보세요. 업무를 어떻게 조율했나요?

2. 일정을 짜면서 우선순위는 어떻게 결정하는지 사례를 들어 설명해 보세요.

3. 팩스, 이메일, 기타 업무 속도 향상 기술을 활용하다 보면 항상 시간적으로 쫓기는 느낌을 받게 마련입니다. 여러 가지 시간 조건들에 맞도록 업무를 조율하기 위해 어떻게 했는지 설명해 보세요.

4. 효과적으로 업무의 우선순위를 정하여 프로젝트를 일정대로 완수했던 사례에 관해 말해 보세요.

5. 누가 맡긴 업무이며, 어떻게 계획을 세웠으며, 장애를 극복하고 실행했는지 등에 대해 자신이 거둔 최고의 성과에 관해 말해 보세요.

6. 제한된 시간 내에 여러 가지 중요한 활동과 프로젝트를 절묘하게 처리해야 했던 사례에 관해 말해 보세요. 모든 일을 잘 처리했나요? 어떤 방식으로 처리했나요?

7. 현재의 직책에서 시스템, 과정 또는 업무의 조직화를 개선했던 방법에 대해서 말해 보세요.

8. 동시에 여러 가지 업무와 프로젝트가 부여되었던 경우와 업무의 우선순위를 어떻게 결정했는지 말해 보세요.

9. 프로젝트의 세부 업무를 처리하면서 심각한 난관을 만났던 경

우에 관해 말해 보세요.

10. 가장 최근에 조직화를 제대로 못해서 마감일을 지키지 못했던 경우에 관해 말해 보세요.

조직 내의 상황 대응/상황 파악 능력
Organizational Agility/Awareness

성공적 사례

1. 비공식적인 네트워크를 통해 어떤 것을 성취해야 했던 경험에 관해 말해 보세요.

2. 조직 문화에 대한 이해력 덕분에 필요한 협력 관계와 제휴 관계를 발전시켰던 경우에 관해 설명해 보세요.

3. 자신이 현재(또는 가장 최근에) 소속되어 있는 조직의 분위기와 이 분위기로 인해 자신의 목표나 프로젝트의 성공적인 달성에 어려움이 초래되었던 사례에 관해 말해 보세요.

4. 조직 문화 이해력 덕분에 어떤 일에서 성공할 수 있었던 사례에 관해 설명해 보세요.

5. 비공식적인 네트워크를 통해 자신에게 중요한 것을 성취할 수 있었던 경험에 관해 말해 보세요.

실패/부정적 사례

6. 자신이 조직 운영 방식을 파악하는 데 더 많은 시간을 할애하지 못하여 보다 성공적인 결과를 얻지 못했던 사례에 관해 설명해 보세요.

7. 조직 문화를 잘못 파악했던 경험에 관해 설명해 보세요.

8. 자신이 주요 정책, 관례, 절차의 배후에서 실제로 작용하는 운영 방식을 파악하지 못하여 만족스러운 결과를 얻지 못했던 사례에 관해 설명해 보세요.

지속적 개선
Continuous Improvement

1. 업무 처리 과정/운영 방식의 개선을 위해 아이디어를 제안했던 경험에 관해 말해 보세요.

2. 자신이 제안한 업무 개선책 중에서 현재 다른 부서에서 활용되고 있는 개선책에 관해 말해 보세요.

3. 운영 방식이나 처리 과정의 변화를 주도했던 경험에 관해 말해 보세요.

4. 이전 직장이나 현재의 직장에서 모르고 지나쳤던 문제점들은 어떤 것들이 있나요? 변화가 생겼나요? 자신이 제기한 아이디어에 의해 생긴 변화가 누군가로부터 지지를 받았나요?

5. 고객 서비스, 생산성, 품질, 팀워크 또는 성과를 개선하기 위해 자신이 부서에서 수행했던 새롭거나 차별화된 작업에 관해 말해 보세요.

6. 자신의 직책 또는 부서/팀/그룹에서 업무 개선의 기회를 찾아내어 활용했던 경험에 관해 말해 보세요.

7. 마감일에 맞추기 위해 품질을 소홀히 했던 상황에 관해 말해 보세요. 어떻게 처리했나요?

8. 어떤 측면에서 업무에 오류가 없는 것은 중요합니다. 자신이 오류를 방지하기 위해 노력했던 상황에 대해 설명해 보세요.

9. 다른 사람의 오류 중에서 프로젝트의 성과에 영향을 주었을(또는 고객에 영향을 주었을) 중요한 오류를 찾아냈던 경험에 관해 말해 보세요.

10. 자신의 직책이나 팀 내부에서 운영 방식이나 처리 과정의 개선을 위해 아이디어를 제안했던 경험을 말해 보세요.

11. 자신이 회사의 자원을 활용하거나 반환하는 업무를 개선하여 자신의 팀/부서를 비롯한 여러 부서에 긍정적인 영향을 끼쳤던 사례에 관해 말해 보세요.

직업적 야망
Career Ambition

1. 자신의 직업적인 비전은 무엇이고 그 비전을 실현하기 위해 지금까지 어떤 노력을 기울였는지 말해 보세요.
2. 자신이 '성공을 일구어 냈던' 비결을 설명해 보세요.
3. 자신의 경력 관리 방식의 사례를 말해 보세요.
4. 현 직책에서의 성과가 충분하여 더 좋은 자리로 옮길 시점이라고 느꼈던 경험에 대해 말해 보세요.
5. 직업적인 면에서 자신의 가장 큰 성공 사례에 대해 말해 보세요. 이 성공 사례를 선택한 이유는?
6. 자신의 경력 중에 '노선을 벗어났다off track'고 느꼈던 경험에 대해 말해 보세요.
7. 좋은 일자리를 거절했던 경험에 대해 말해 보세요.

직원 채용/배치
Hiring/Staffing

1. 자신이 새로운 직원을 채용하고 조직에 적응시키는 책임을 맡 았던 경험에 관해 말해 보세요. 신입 직원이 새로운 업무에 익 숙해지도록 어떤 도움을 주었나요? 신입 직원이 조직에 익숙 해지도록 어떤 도움을 주었나요?

2. 자신이 담당했던 최선의 채용 사례에 관해 말해 보세요.

3. 자신이 담당했던 최악의 채용 사례에 관해 말해 보세요.

4. 조직 내에서 찾아낸 숨은 인재를 자신의 부서로 데려왔던 사 례에 관해 말해 보세요. 어떤 결과를 얻었나요?

5. 부하 직원 두 명이 자신에게는 없는 재능과 기량을 가졌던 사 례에 관해 말해 보세요.

6. 자신이 최근에 결원 상태인 직책에 인원을 보충하면서 활용했 던 충원 과정에 대해 간략하게 말해 보세요.

7. 때때로 충원하기 어려운 직책이 있습니다. 최근에 자신이 충 원하기 어려운 직책에 필요한 인원을 보충해야 했던 경험에 관해 말해 보세요. 해당 직책이 충원되기 어려웠던 이유는 무 엇입니까? 이런 어려움을 어떻게 극복했습니까?

창의성/혁신
Creativity/Innovation

1. 문제 해결을 위해서는 대개 검증된 해결책을 찾게 되고 검증된 해결책이 효과가 있게 마련입니다. 검증된 해결책이 효과를 발휘하지 못했던 경우에 관해 말해 보세요. 자신이 문제를 해결할 수 있었나요? 어떻게 해결했나요? 해당 문제의 해결 방법은 검증된 해결 방법과 어떤 면에서 차이가 있었습니까?

2. 자신이 얼마 동안 처리했던 업무상 문제에 대한 창의적인 해결책/아이디어/프로젝트/보고서를 제시했던 상황에 관해 설명해 보세요.

3. 여러 개의 새로운 아이디어를 제안했던 상황에 관해 설명해 보세요. 그 아이디어가 받아들여졌나요? 성공적인 결과를 얻었나요?

4. 자신이 만들어 낸 창의적인/혁신적인 아이디어를 활용하여 어떤 활동이나 프로젝트의 성공에 크게 기여했던 사례에 관해 설명해 보세요.

5. 지금까지 자신이 완수했던 가장 창의적인 작업 프로젝트에 관해 설명해 보세요.

6. 오랫동안 미해결 상태로 남아 있던 문제를 해결하는 데 창의력을 발휘했던 사례에 관해 설명해 보세요.

7. 지금까지 자신이 실행하거나 개발했던 가장 중요한 계획 또는 프로그램에 관해 설명해 보세요.

8. 새로 창안했던 업무 처리 과정이나 프로그램이 위험하다고 평

가되었던 사례에 관해 설명해 보세요.

9. 과거에 수행한 가장 창의적인 직무에 관해 설명해 보세요.

10. 창의성이란 표준적인 사고방식에서 벗어나는 것을 의미합니다. 자신이 고정된 사고방식에서 벗어나 다르거나 새로운 개념 및 아이디어를 찾아낼 수 있었던 사례에 관해 설명해 보세요.

11. 자신의 책임을 완수하는 데 창의력을 발휘했던 사례에 관해 설명해 보세요.

12. 자신이 가장 최근에 '틀에서 벗어난outside the box' 생각을 했던 사례에 관해 설명해 보세요(주: 그 이유와 상황을 물어보아야 한다).

13. 누군가가 자신에게 특이하거나 독특한 새로운 아이디어를 제시했던 사례에 관해 설명해 보세요. 어떻게 처리했나요?

14. 지금까지 자신이 실행했던 가장 창의적인 구두 프레젠테이션에 관해 설명해 보세요.

15. 지금까지 자신이 특이하거나 독특한 방식으로 해결한 문제에 관해 설명해 보세요. 만족스러운 결과를 얻었나요?

책임감
Taking Charge

1. 팀원들을 설득하여 원하지 않던 일을 하도록 했던 경우에 관해 설명해 보세요. 어떻게 팀원들을 납득시켰나요?

2. 자신의 제안을 기꺼이 따랐던 직원들이 목표를 달성할 수 있었던 사례에 관해 설명해 보세요.

3. 목표를 완수하기 위해 직원들의 의욕을 고취시키기 위해 실시했던 구체적인 활동 사례에 관해 말해 보세요.

4. 초기에 다른 사람들의 강한 반대에 직면했던 지원 활동을 실행하기 위해 자신의 리더십을 활용했던 경우에 관해 설명해 보세요.

5. 다른 사람들이 별로 듣고 싶어 하지 않는 사항을 재치 있고 강한 어조로 말해야 했던 경우에 관해 말해 보세요.

6. 자신이 책임을 지고 업무를 시작해서 완수해야 했던 경우에 관해 설명해 보세요. 업무가 완수되지 않았다면 어떤 결과가 생겼을까요? 당신은 어떻게 했습니까? 결과는 어떻게 되었습니까?

7. 자신이 업무를 수행하면서 취했던 가장 호응이 없었던 태도에 관해 설명해 보세요.

1. 대상을 전체적으로 볼 수 있는 능력이 큰 도움이 됐던 사례에 관해 말해 보세요.

2. '전체적인 상황'을 바라보면서 동시에 세부적인 사항들을 파악하는 능력이 반드시 필요한 프로젝트들 중에서 자신이 수행했던 가장 중요한 프로젝트에 관해 말해 보세요. 어떻게 프로젝트를 완수했나요? 어떻게 전체적인 목표에 주안점을 두면서 동시에 모든 세부 사항도 관리할 수 있었나요?

3. 전체적인 관점에서 대상을 바라보지 못했고, 그로 인안 대가를 지불해야 했던 경험에 관해 말해 보세요.

4. 조직의 내부 및/또는 외부에서 발생하는 상황들 간의 관계를 파악하는 능력 덕분에 업무 효과가 향상됐던 경우에 관해 설명해 보세요.

5. 당면한 상황을 처리하기보다는 전체 시스템의 요구에 대처하는 방식으로 문제를 해결했던 사례에 관해 말해 보세요.

1. 어떤 사람이 자신의 고민 문제를 상의하려고 찾아왔을 때 어떻게 대했는지 말해 보세요.

2. 최근에 어떤 사람의 곤란한 문제로 당신의 도움이 필요했던 사례를 말해 보세요.

3. 직원이 찾아와 고민거리를 털어놓았던 상황에 대해 말해 보세요. 그 상황을 어떻게 처리했으며, 그 결과는?

4. 누군가를 진심으로 위로했던 경험에 대해 말해 보세요.

5. 다른 사람들이 '꺼리는difficult' 사람과 원만한 관계를 맺을 수 있었던 경험에 대해 말해 보세요.

6. 어떤 정보 덕택에 잠재적인 문제를 미연에 방지할 수 있었던 경험에 대해 말해 보세요.

7. 간단한 소개만 주고받았던 어떤 사람이 나중에도 당신을 기억했던 사례를 말해 보세요. 당신을 기억했던 이유는 무엇이라고 생각합니까?

침착성
Composure

긍정적 사례

1. 다른 사람들의 반대 의견에 연연하지 않고 자신의 확신에 따라 행동했던 경험에 관해 말해 보세요.

2. 자신이 해결해야 했던 최악의 업무상의 위기에 관해 말해 보세요. 그 상황에서 어떻게 침착한 태도를 유지했습니까?

3. 최근에 자신이 '지속적인 스트레스pressure was on'를 경험한 사례에 관해 말해 보세요. 어떤 상황이 발생했나요? 어떻게 상황에 대처했나요?

4. 스트레스가 많은 상태에서 업무를 원만하게 수행한 경험에 관해 말해 보세요. 어떻게 상황에 대처했나요?

5. 자신의 팀에 스트레스가 너무 많다고 느꼈던 경험에 관해 말해 보세요. 어떻게 상황에 대처했나요?

6. 문제 상황이나 스트레스를 받는 상황이 발생해서 상황 대처 능력을 보여 주어야 했던 경험에 관해 말해 보세요. 어떻게 상황에 대처했나요?

7. 곤경에서 벗어나기 위해 지체 없이 신속한 판단을 내려야 했던 경험에 관해 말해 보세요.

실패 사례

8. 자신이 참을성/냉정/침착성을 잃었던 경험에 관해 말해 보세요.

9. 예상하지 못했던 사건이나 정보로 인해 프로젝트 진행 중에
   안정을 잃고 당황했던 경험에 관해 말해 보세요.

상황 분석

10. 자신이 스트레스를 받거나 당황했던 경우를 생각해 보세요.
    어떻게 상황에 대처했나요?

11. 자신의 일이나 아이디어가 비판의 대상이 되었던 경험에 관
    해 말해 보세요.

팀워크 장려 및 구축
Teamwork Encouraging and Building

그룹/개인들 간의 협력 유도

1. 자신이 다른 사람들의 참여를 이끌어서 만들어진 팀에서 일할 수 있었던 경험에 관해 말해 보세요.

2. 항상 얼굴을 마주하며 지내지 않는 팀원들을 이끌었던 경우에 관해 말해 보세요. 당신은 어떻게 했습니까? 그렇게 했던 이유는 무엇이었습니까? 결과는 어떻게 됐습니까?

3. 업무를 완수하거나 서비스를 제공하기 위해 자신의 부서 외부의 개인이나 그룹과 효과적인 업무 관계를 구축하는 것이 매우 중요했던 사례에 관해 말해 보세요.

4. 한 번도 함께 작업해 본 적이 없는 두 그룹 또는 사람들에게 팀워크를 통해 업무를 효과적으로 수행하도록 하는 것이 필요했던 경우에 관해 말해 보세요.

5. 리더십을 발휘하여 한 그룹의 사람들을 생산성과 효율성이 뛰어난 팀으로 전환시켰던 사례에 관해 말해 보세요.

6. 자신이 한 명 이상의 비생산적인/부정적인 팀원들이 있는 팀을 이끌었던 경우에 관해 말해 보세요. 어떻게 비생산적인 팀원을 찾아냈습니까? 당신은 어떻게 했습니까? 그렇게 했던 이유는 무엇이었습니까? 어떻게 진행되었습니까?

7. 업무 스타일이 아주 까다로운 사람들에게 서로 협력하면서 프로젝트를 수행하도록 하는 것이 필요했던 사례에 관해 말해 보세요. 성공적인 결과를 얻었나요? 성공적인 결과를 얻은 이

유는 무엇입니까? 성공적인 결과를 얻지 못한 이유는 무엇입니까?

8. 업무 스타일이나 생각이 서로 다른 동료들에게 서로 협력하면서 프로젝트를 수행하도록 해야 했던 경우에 관해 말해 보세요. 특히, 동료들의 협력을 위해 어떻게 했습니까?

팀/팀원의 강점

9. 팀원 한 명이 팀에 크게 기여했다고 인정해 주었던 경험에 관해 말해 보세요.

10. 팀워크 덕택에 자신의 목표를 달성할 수 있었던 경험에 관해 말해 보세요.

기타

11. 침체된 분위기 속에서 팀원들의 사기를 끌어올렸던 경험에 관해 설명해 보세요.

12. 자기 자신도 완전히 지지하거나 신뢰하지 않는 목표를 성취하기 위해 신설 조직팀, 프로젝트 팀, 임시 구성팀을 이끌어야 했던 경우에 관해 말해 보세요.

13. 출발 단계에서부터 프로젝트 팀을 성공적으로 조직했던 사례에 관해 말해 보세요. 어떤 프로젝트를 추진했나요? 어떻게 팀원들을 선발했나요? 어떤 방식으로 개인들을 팀으로 조

직했나요? 개인들을 팀으로 조직하는 데 가장 어려운 일은 무엇이었나요? 팀에서는 프로젝트를 성공적으로 추진했나요?

14. 자신이 팀원들의 성과를 칭찬해 줄 수 있었던 경험에 관해 설명해 보세요.

실패/부정적 사례

15. 출발 단계에서부터 프로젝트 팀을 별로 성공적으로 조직했던 사례에 관해 말해 보세요.

16. 자신이 팀을 효과적으로 조직화하지 못했기 때문에 업무/프로젝트를 예정대로 추진할 수 없었던 경우에 관해 말해 보세요. 어떤 일이 생겼나요? 이를 통해 어떤 교훈을 얻었나요? 만약에 자신이 다시 할 수 있다면 이번에는 어떻게 하고 싶은지 말해 보세요.

팀워크: 팀플레이어로서의 업무 수행
Teamwork: Working as a Team Player

동료 팀원들 간의/과의 문제

1. 한 명 이상의 비생산적인 팀원들이 있는 팀에서 팀원으로 활동했던 경우에 관해 말해 보세요. 당신은 어떻게 했습니까? 그렇게 했던 이유는 무엇이었습니까? 어떻게 진행되었습니까?

2. 프로젝트를 함께 진행하는 다른 사람들과 의견 차이가 생겼던 경험에 관해 말해 보세요.

3. 팀원들 중 한 명이 할당된 작업량을 완수하지 못했던(일을 하지 않던) 경험에 관해 설명해 보세요.

4. 다른 사람들이 팀의 이익을 위해 타협하도록 도와주었던 경우에 관해 말해 보세요. 어떤 조치를 취했습니까?

5. 자신이 팀의 일원으로서 다른 팀원들과 원만하게 지내지 못했거나 업무를 제대로 수행하지 못했던 경우에 관해 설명해 보세요. 어떤 일이 생겼나요?

6. 일하다 보면 함께 일하는 사람들 중에 맘에 들지 않는 사람이 있게 마련입니다. 자신이 겪은 이런 상황에 대한 경험을 말해 보세요. 당신은 어떻게 했습니까?

긍정적 사례

7. 자신이 팀의 일원으로서 중요한 목표를 달성하기 위해 다른 사람들과 협력했던 사례에 관해 설명해 보세요? 이 목표 또는

목적은 무엇이었습니까? 그 목적의 달성을 위해 자신이 수행한 역할은 무엇이었나요? 이 프로젝트를 수행하면서 자신은 다른 사람들과 어느 정도까지 영향을 주고받았습니까?

8. 자신이 프로젝트를 수행하는 팀의 일원으로서 팀의 이익을 위해 자신에게 비교적 중요한 것에 관해 기꺼이 타협했던 사례에 관해 말해 보세요.

9. 자신이 중요한 팀의 일원으로서 인정받고 보상도 받았던 경험에 관해 말해 보세요.

실패/실망거리

10. 자신이 팀원으로 유능하지 못했던 사례에 관해 말해 보세요.

11. 자신이 팀에서 겪었던 실망스러운 경험에 관해 설명해 보세요. 특히 실망스러운 경험을 초래한 요인은 무엇입니까? 당시에 어떻게 했다면 실망스럽지 않고 보람 있는 결과를 만들 수 있었을까요?

프레젠테이션 능력
Presentation Skills

1. 자신이 많은 사람들을 대상으로 실시했던 프레젠테이션에 관해 말해 보세요. 프레젠테이션의 목적은 무엇이었습니까? 어떻게 프레젠테이션을 준비했습니까?

2. 자신이 실시한 프레젠테이션에 참가한 소그룹이 결국 자신의 생각에 동의하게 되었던 사례에 관해 말해 보세요.

3. 자신이 프레젠테이션을 실시한 후에 적극적인 반대 의사를 표명하는 질문자를 만났던 상황에 관해 말해 보세요. 어떻게 대처했나요? 어떤 결과를 얻게 됐나요?

4. 자신이 실시하는 프레젠테이션이 별로 효과가 없는 상황에서 프레젠테이션의 방식을 바꾸어서 효과를 거둘 수 있었던 사례에 관해 말해 보세요. 자신의 프레젠테이션이 별로 효과가 없다는 것을 어떻게 알게 됐습니까?

5. 지난해에 자신이 그룹을 대상으로 실시했던 구두 프레젠테이션에 관해 말해 보세요. 이 프레젠테이션에서 가장 까다로운 점은 무엇이었나요?

6. 지금까지 자신이 실시했던 가장 창의적인 프레젠테이션에 관해 설명해 보세요.

7. 지금까지 자신이 완수해야 했던 가장 중요한 프레젠테이션에 관해 설명해 보세요.

8. 자신의 프레젠테이션 능력을 활용하여 다른 사람의 견해에 영향을 주어야 했던 경험에 관해 말해 보세요.

학습/지식 습득 및 적용
Learning/Knowledge Acquisition and Application

1. 단기간에 새로운 것을 배워야 했던 경험에 관해 말해 보세요. 이 상황이 생긴 이유는 무엇입니까? 무엇을 배워야 했나요? 어떻게 배웠나요?

2. 자신이 문제를 해결하기 위해 어떤 것을 시급하게 배워야 했던 경험에 관해 말해 보세요.

3. 자신이 반드시 익혀 두어야 했기 때문에 결국 배우게 되었던 어려운 학습 내용의 사례에 관해 말해 보세요.

4. 자신에게 익숙하지 않은 업무를 수행해야 했던 경험에 관해 말해 보세요.

5. 새로운 과업이나 프로젝트를 위해 무엇을 시급하게 배워야 했던 경험에 관해 말해 보세요. 어떻게 진행했습니까?

6. 과거의 직장에서 다른 사람들에 비해 자신이 아는 것이 별로 없었던 상황에 관해 말해 보세요. 이런 격차를 어떻게 만회했나요?

7. 지난 동안(6개월/1년/5년) 자신의 직무 능력 향상을 위해 취했던 조치에 관해 간략하게 설명해 보세요.

8. 전에 새로운 것들을 배워야 했던 업무에 관해 말해 보세요.

9. 누구나 업무 성과가 만족스럽지 못했던 적이 있습니다. 자신의 업무 성과가 만족스럽지 못했던 경험과 이를 통해 얻은 교훈에 관해 말해 보세요.

행동 지향성
Action Orientation

1. 열심히 일하면서 보람을 느꼈던 경험에 대해 말해 보세요.

2. 정말로 꺼리던 프로젝트/업무를 수행해야 했던 경험에 대해 말해 보세요.

3. 과거에 의욕적으로 일에 매진했던 경험에 대해 말해 보세요.

4. 과거에 추진했던 도전적인 프로젝트에 관해 설명해 보세요.

5. 거의 아무런 사전 계획 없이 업무에 임했던 경험에 대해 말해 보세요.

6. 몹시 분주한 상황에서도 자발적으로 추가 업무를 떠맡았던 경험에 대해 말해 보세요. 어떻게 모든 업무를 무난하게 처리할 수 있었습니까?

7. 일반적으로 사람들은 자신이 이루었던 성과가 탁월하다고 생각합니다. 자신이 훌륭하다고 생각하는 성과에 대해 말해 보세요.

8. 때때로 사람들은 일 처리에 늑장을 부리면서 귀중한 시간을 허비하곤 합니다. 다른 사람이 늑장을 부리면서 당신에게 업무를 미루었던 경험에 대해 말해 보세요.

협조성
Cooperation

1. 다른 사람들의 협력을 얻는 것은 결코 쉬운 일은 아닐 것입니다. 자신이 다른 사람들의 협력을 구해야 했던 경우에 대해서 그리고 어떤 문제점이 있었는지 말해 보세요. 어떤 결과를 얻었나요? 장기적인 관점에서 상대방과의 협력 업무에 어떤 영향을 주었나요?

2. 다른 사람이나 다른 그룹의 협력을 얻지 못했다면 성공하기 어려웠던 사례에 관해 설명해 보세요.

3. 별로 함께 일하고 싶지 않은 사람과 협력하여 업무를 수행했던 경험에 관해 말해 보세요.

4. 가끔씩 까다로운 사람들을 상대해야 하는 경우가 있습니다. 자신이 협력 관계를 맺어야 하는 사람이 까다로우면 상대방과 협력하는 것이 쉽지 않을 것입니다. 업무를 수행하면서 까다로운 사람과 협력 관계를 이루어 나가는 데 성공했던 경험에 관해 말해 보세요.

5. 협력을 구해야 하는 상대방 가운데 가장 힘든 그룹/팀/부서는 어디였나요? 어떤 장애가 있었나요? 해당 그룹과 협력하는 것이 힘들었던 이유는? 해당 그룹의 구성원들은 어떤 반응을 보였나요?

협상력
Negotiation

1. 자신의 아이디어나 프로젝트가 상사의 승인을 받았던 경험에 관해 말해 보세요. 어떻게 상사의 승인을 받아냈습니까?

2. 자신의 아이디어를 직원, 동료 또는 상급 관리자에게 납득시키기 위해 어떻게 했는지 말해 보세요.

3. 서로 다투는 두 사람이나 두 집단 간의 협상을 유도하여 상호 간 유익한 최선의 해결책을 이끌어 내는 데 일익을 담당했던 일에 관해 말해 보세요.

4. 자신의 업무나 프로젝트를 성공시키기 위해 다른 부서에 소속된 사람의 협조가 필요했던 사례에 관해 말해 보세요.

5. 지난 2년 동안 자신이 처리했던 가장 중요한 협상에 관해 말해 보세요.

6. 자신이 협상 대상의 일부를 양보했기 때문에 협상에 성공했던 경험에 관해 말해 보세요.

7. 자신이 협상 대상의 일부를 양보하지 않았기 때문에 협상이 실패했던 일에 관해 말해 보세요.

8. 자신이 관여한 협상의 결과가 만족스럽지 않았던 사례에 관해 말해 보세요.

9. 자신이 중요한 계약 체결에 성공했던(실패했던) 경험에 관해 말해 보세요.

.

04 　　　심층 또는 추적 질문

　　때로는 면접 위원의 질문에 대해 지원자가 충실한 STAR(상황 Situation, 과업Task, 행동 조치Action, 결과Results) 답변을 하지 않는 경우도 있지만, 면접 위원이 지원자가 한 답변 이외의 또 다른 정보나 보충 설명을 원하는 경우도 있다.

　　지원자가 충실한 STAR 답변을 하지 않는 데는 여러 가지 이유가 있을 수 있다.

- 현재 상황에 익숙지 않아 행동/역량 면접 방식에 불편을 느낄 수 있다.
- 질문 영역이나 사안을 회피하려고 한다.
- 일반론만을 답변하는 경향이 있다.
- 특별한 이유로 답변하기를 꺼릴 수 있다.

• 부끄러움을 많이 타는 성격일 수 있다.

이유를 불문하고, 면접 위원은 심층 또는 추적 질문을 함으로써 각각의 상황에 대해 충분한 정보를 얻을 수 있고, 이를 통해 지원자의 역량 수준을 정확하게 평가할 수 있다. 심층 질문은 적어도 네 가지 면에서 효과가 있다.

1. 심층 질문을 통해 지원자가 실제 사례에 초점을 맞추도록 유도할 수 있다

대부분의 지원자가 CBBI 질문에 익숙하지 않거나 CBBI 질문에 대답하는 데 익숙하지 않기 때문에 면접 위원의 질문을 상황 질문(예컨대 "만약 … 일 경우 당신은 어떻게 하시겠습니까?"와 같은 질문)쯤으로 생각하고 답변을 해 버리는 등 자기 편한 대로 대답해 버리는 경향이 있다. 심층 질문을 사용하면 지원자가 특정 사례를 들어 답변하도록 유도할 수 있다. 이러한 상황에서 대화는 다음과 같이 진행될 것이다:

면접 위원: 고객 불만은 늘 있는 일이죠. 가장 까다로운 고객을 어떻게 처리하는지 말씀해 보세요.

지원자: 아주 까다로운 고객을 처리하는 방법은 우선 …

면접 위원: 이 프로세스를 얼마나 자주 사용하는 편입니까?

지원자: 아마도 일주일에 한 번 정도 …

면접 위원: 지난 몇 개월 동안 대했던 가장 까다로운 고객에 대해 말씀해 보십시오.

지원자: 음 … 아마도 … 로부터 왔던 전화가 아닐까 생각합니다.

2. 심층 질문을 사용하면 지원자가 언급한 상황을 더 자세히 알아보거나 확인해 볼 수 있다

우리는 모두 친구와 일상적인 대화를 해 본 경험이 있다. 이러한 대화에서는 일부 자세한 내막은 제쳐두고 이야기하거나 대화 상대가 이미 특정한 사안을 알고 있다고 가정하고 이야기를 한다. 지원자도 긴장을 하게 되면 일부 자세한 내막에 대해 설명하는 것을 잊을 수 있다. 결국 면접 위원이 들은 답변은 불완전하거나 앞뒤가 맞지 않는 이야기로 들릴 수 있다. 추적 질문은 이러한 불완전한 답변을 보완하는 데 도움이 된다. 예를 들면 "당신은 애슐리Ashley라는 사람에 대해 얘기했는데, 그 사람이 이 상황과 어떤 관련이 있나요?"

3. 지원자의 답변이 진실성이 의심된다면 심층 질문으로 밝혀 낼 수 있다

심층 또는 추적 질문을 통해 일관성을 확인해 볼 수 있다. 이러한 질문을 통해 면접 위원은 제시된 특정 상황에서 지원자가 원하는 행동을 실제로 했는지를 판단할 수 있다. 예컨대 지원자는 질문에 대한 답변으로 이야기를 늘어놓을 것이며 계속해서 이런 식으로 말할 것이다.

"먼저, 우리는 …"
"그러한 상황을 알았을 때, 우리는 …"
"따라서 우리는 … 조정을 해야만 했습니다."
"당시 우리의 목표는 … 였습니다."

이러한 표현들이 면접 위원에게는 경계경보와 다를 바 없다. '우리'는 정확히 누구를 말하는가? 지원자는 여러 가지 이유로 '우리'라는 말을 사용할 것이다. 그중에는 다음과 같은 의도를 보여 주고자 하는 경우도 포함된다.

- 공로를 자신에게 돌리지 않음으로써 겸손함을 보이기 위해
- 여러 사람이 합심해서 이루어 냈기 때문에 모두의 공로라는 점을 전달하기 위해
- 자신이 역할을 사실보다 더 부풀리기 위해
- 다른 사람의 공로를 자신의 공로로 돌리기 위해

4. 심층 확인 질문을 통해 '보유하고 있는' 관련 역량을 발견할 수 있다

지원자들은 때때로 면접 위원이 더 궁금해 하는 상황을 설명하면서 자신의 의견을 덧붙인다. 심층 질문이 역량 질문과 간접적으로 관련성이 있을 수도 있지만, 확인 질문에 대한 지원자의 답변을 통해 여타 사항은 다른 지원자와 비슷하지만 다른 사람과 다른 어떤 역량을 가지고 있다는 점을 발견할 수 있다.

Y라는 자리가 '팀을 이끄는' 역량을 필요로 하고 있다고 가정해 보자. 이 점에 대한 행동 질문의 답변으로 지원자는 다양성 문제를 언급한다. 면접 위원이 다양성을 높이 평가하고 다양한 인력으로 구성된 조직에서 일하고 있다고 하자. 면접 위원의 심층 질문은 아마도 다음과 같을 것이다. "당신은 프로젝트 팀을 책임지는 위치에 있을 때 자신이 생각하기에 팀의 구성원들의 문화적 다양성과 관련하여 어느 정도 근본적인 긴장감을 느꼈다고 말했는데, 어떻게 그

러한 결론에 도달하게 되었고 어떻게 했는지 더 자세히 말씀해 주시겠습니까?"

심층 질문을 사용하는 이유는 다양하지만 이러한 질문들은 위협적이지 않아야 하고 개인적인 판단이 개입되지 않아야 한다는 점을 명심해야 한다. 또한 심층 질문은 지원자의 역량 수준을 객관적으로 명확히 판단하는 데 필요한 모든 정보를 얻기 위한 도구로만 사용되어야 한다.

몇 가지 심층 또는 추적 질문의 예를 들어보면 다음과 같다.

- 누가 _____을(를) 했습니까?
- 특히 당신은 무엇을 했습니까(당신의 역할은 구체적으로 무엇이었습니까)?
- 당신은 뭐라고 말했습니까?
- 당신은 어떤 조치/행동을 취했습니까?
- 제가 _____에 대해 정확히 이해하고 있는지 모르겠습니다. 좀 더 자세히 말씀해 주시겠습니까?
- _____라고 말씀하셨는데, 말씀하신 의미를 제가 정확히 이해하고 있는지 모르겠습니다. 좀 더 덧붙여서 말씀해 주시겠습니까?
- 그 후 어떤 일이 발생했습니까?
- 당신의 특별 임무나 책임은 무엇이었습니까?
- 그 임무나 프로젝트에서 당신이 특별히 기여한 바는 무엇입니까?
- 당신은 뭐라고 말했습니까?

- 다른 사람은 어떻게 대응했습니까?
- 그는 어떻게 반응했습니까?
- 당신은 어떻게 반응했습니까?
- _____일 때 어떻게 느꼈습니까?
- 당신의 역할은 무엇이었습니까?
- 당신은 실제로 무엇을 했습니까?
- 당신은 실제로 뭐라고 말했습니까?
- 결과는 어땠습니까?
- 관련된 다른 사람은 누구였습니까?
- 어떤 다른 대안을 고려하였습니까?
- _____ 후 무슨 일이 발생하였습니까?
- 당신은 왜 그렇게 하기로 결정하였습니까?
- _____함에 있어 당신의 논리/근거는 무엇이었습니까?
- (그 사람)과의 의견 조율에 대해 자세히 말씀해 주시겠습니까?
- _____전에 무슨 일이 있었습니까?
- 당신은 _____을 어떻게 처리하였습니까? (이어서) 그 방법이 어떤 점에서 효과적이었습니까?
- _____라고 말씀하셨는데, 그것에 대해 자세히 말씀해주시 겠습니까?
- 당신은 정확히 어떻게 _____을 할 수 있었습니까?
- 그런 일이 발생했을 때 당신은 어떤 생각을 했습니까?
- _____였을 때 당신은 어떤 생각을 했습니까?
- 그것을 어떻게 다루었습니까?
- 문제가 있다는 것을 어떻게 알았습니까?

- 그것이 왜 발생했습니까?
- 당신은 어떻게 반응했습니까?
- 다른 사람은 어떻게 대응했습니까?
- 당신이 한 것에 대해 다른 사람이 어떻게 느꼈다고 생각하십니까?
- 모든 일이 결국은 어떻게 되었습니까?
- 최종 결과는 어떻게 되었습니까?
- 당신이 경험한 상황으로부터 어떤 교훈을 얻었습니까?
- 그 상황에 대해 제가 알아야 될 다른 것들은 없습니까?
- 그 결과에 대해 만족하셨습니까? 만족했다면(또는 만족하지 않았다면) 그 이유는 무엇입니까?
- 다른 방법으로 했다면 어땠을까요?
- 그것으로부터 어떤 교훈을 얻었습니까?
- 당신은 어떤 어려움을 겪었습니까? 그리고 그 어려움을 어떻게 극복하였습니까?
- 그 때 당시에 어떻게 생각하였습니까?
- 그것을 위해 어떻게 준비하였습니까?
- ＿＿＿＿＿에 대해 보다 구체적으로 말씀해 주시겠습니까?
- 그에 대한 예를 들어주시겠습니까?
- 당신이 ＿＿＿＿였을 때 마음속에 어떤 생각이 들었습니까?
- 다시 한다면 이번에는 어떻게 하겠습니까? 그리고 왜 그렇게 하겠습니까?

심층 질문을 할 때에는 몇 가지 명심해 둬야 할 점이 있다.

첫째, 대답이 명확한 질문은 삼가야 한다. 예컨대 "제 생각으로는 그러한 과정에서 당신의 다음 조치는 아마도 X였을 것이라 보는데 제 생각이 맞죠?"라고 물으면 99%는 당신이 제대로 짚었다는 대답을 듣는다. "아니요, 저의 다음 조치는 Z였을 것입니다"라고 말하는 지원자는 드물다.

둘째, 지원자가 오해할 수 있는 심층 질문 또는 지원자를 속이거나 괴롭히는 심층 질문은 삼가야 한다. 자신은 정작 하지 않을 것 같은 질문이 이런 부류에 속한다. 예컨대 "저는 가끔 불평을 늘어놓는 고객한테는 전화를 확 끊어버리는 방법밖에는 없지 않을까 하는 생각을 하곤 합니다. 불평을 늘어놓는 고객을 잘 응대하는 것이 당신의 책임이라고 생각합니까?"와 같은 질문이다.

마지막으로, 윤리적으로나 법률적으로 차별이라고 간주될 수 있는 어떠한 심층 질문도 해서는 결코 안 된다는 점을 명심해야 한다. 또한 어떠한 상황에서도 전적으로 업무와 관련되지 않은 질문을 해서도 안 된다.

05

초기 전화심사 면접

모든 직책에 대해 초기 전화심사 면접이 반드시 필요한 것은 아니지만 전화심사 면접은 점점 더 보편화되고 있다. 전화심사 면접은 이력서에 기재된 내용 이외에 지원자가 해당 직책에 필요한 기본적인 자질을 갖추고 있는지를 알아보는 데 유용하기 때문에 많은 회사들은 이러한 면접이 비용과 시간 면에서 상당히 효율적이라는 점을 알게 되었다. 직책에 필요한 기본적인 자질에는 특정한 경험이나 지식 기반(정부를 상대하는 방법 등), 장거리 출장을 갈 수 있는 태도, 급여 조건, 기타 '반드시 갖추어야 할must have' 또는 진정한 직업 자격 요건 등을 들 수 있다.

요약하면, 전화심사 면접은 이력서는 화려하지만 직책에 맞는 기본적인 자격 요건을 갖추지 못한 지원자가 대면fact to face 면접에 참여할 가능성을 줄여 준다.

초기 전화심사 면접은 다음과 같은 경우에 활용될 수 있다.

1. 이력서만으로는 정확히 알 수 없는 기본적인 기술적 직무 능력이 필요한 직책의 인력을 선발할 경우
2. 무거운 짐을 나르는 것과 같이 지원자가 반드시 갖추어야 할 특수하고 기본적인 재능/능력이 요구되는 경우
3. 지원자가 해당 직책의 봉급보다 더 많은 봉급을 원한다고 판단되는 경우
4. 일정한 기간 동안 거주지를 옮기거나 출장을 가는 등 지원자가 수용해야 할 직책상의 특수 조건이 있는 경우
5. 이력서만으로는 지원자를 명확히 판단할 수 없어 지원자의 경력/직무 능력/지식 등에 대해 보다 자세히 알아볼 필요가 있는 경우

초기 전화심사 면접이 필요하다고 판단되면 대면 면접을 할 때와 동일한 계획과 고려 사항을 확인한 후 면접에 임해야 한다. 전화심사 면접을 할 때도 면접 위원은 회사를 대표하고 있으며 대면 면접을 할 때와 동일한 원칙이나 지침이 적용된다는 점을 명심해야 한다. 서로에게 적절한 면접 날짜와 시간을 정하기 위해 사전에 지원자에게 전화 연락을 하고 이때 지원자에게 CBBI 전화심사 면접을 한다는 점을 알려야 한다. 이렇게 함으로써 지원자는 CBBI에 대해 사전에 알아보고 이러한 유형의 질문에 준비할 수 있다.

이러한 고려 사항 이외에도 다음과 같이 성공적인 전화심사 면접을 수행하기 위한 다섯 가지 지침이 있다.

1. 전화심사 면접 양식을 작성하고 활용한다.

2. 면접은 되도록 짧게 한다.

3. 면접 도중 직무 요구 사항에 대해 깊게 논의하지 않는다.

4. 법에 저촉되지 않도록 한다.

5. 적절한 장비를 활용한다.

각각의 지침 내용에 대해 살펴보도록 하자.

전화심사 양식을 작성, 활용한다

전화심사 면접을 하는 동안 물어봐야 할 질문의 수가 딱히 정해져 있는 것도 아니고 (조직에서 요구하는 형식이 정해져 있지 않는 한) 정해진 형식이 있는 것도 아니다. 직책에 상관없이 두루 사용할 수 있는 일반적인 전화심사 양식을 사용할 수도 있지만 이런 양식은 그다지 도움이 되지 않는다. 예컨대 컴퓨터 프로그래머를 채용할 때 필요한 내용과 외과 의사를 면접할 때 준비할 내용은 확연히 틀릴 것이다.

그러나 특정 직책의 인력 충원을 위해 전화심사 면접을 실시할 모든 대상 지원자에게는 동일한 양식을 사용해야 한다. 동일한 양식을 사용함으로써 모든 예비 지원자들로부터 동일한 정보와 필요한 정보를 얻을 수 있을 뿐만 아니라 법적으로도 저촉됨이 없이 일관된 방식으로 면접을 진행할 수 있다.

최선의 방법은 직책에 맞는 전화 면접 양식을 작성하는 것이다.

다행히도 일단 이러한 양식을 작성하면 해당 직책에 필요한 조건들이 변하지 않는 한 양식을 번거롭게 다시 작성할 필요가 없게 된다. 일단 양식을 작성하면 그 다음부터는 완전히 새로 작성할 필요 없이 필요한 부분만 수정하면 된다.

전화심사 면접 양식에 포함되어야 할 사항들을 결정하기 위해서는 먼저 직무 내용에 대한 설명부터 작성해야 한다. 잘 정리된 직무 내용 설명서에는 일반적으로 기술적 직무 능력과 특수한 직무 조건이 들어간다. 직무 내용에 대한 설명서를 작성하지 않은 경우에는 직무 분석부터 시작하여 고용 과정 전체를 그대로 밟아가야 한다. 어떤 경우든, 모든 핵심 사항들이 빠짐없이 전화심사 면접 양식에 포함되도록 하기 위해서는 간단한 빈칸 채우기 방식을 사용하는 것이 좋다. 예를 들면

_____(특정 지식/직무 능력/경력/역량)을 갖추지 못한 지원자는 해당 직책에 요구되는 기본적인 요구 조건에 해당되지 않으므로 해당 직책의 예비 지원자 자격이 없다.

이러한 목록을 작성해 놓고 보면 거의 모든 지원자들의 이력서에 공통적으로 포함되는 내용들(예를 들어 공식 인증서, 자격증 등)이 있을 것이다. 이런 조건들은 가장 기본적인 채용 조건들이므로 이 조건들이 이력서에 기재되어 있지 않은 지원자라면 어차피 지원 자격이 없는 것은 당연하다. 따라서 이 부분은 전화심사 면접 질문에서 제외시켜도 될 것이다. 일단 이러한 '기본적' 기준들을 뺀 나머지 기준들로 전화심사 면접 양식을 작성하면 된다. 작성된 질문 중 일부

는 행동중심적일 수 있지만, 전화심사 면접의 일차적 중점은 지원자가 특정한/기본적 직무 능력을 갖추고 있고 대면 면접을 보기에 적합한 기술적 배경을 갖추고 있는지 여부를 판단하는 데 맞추어야 한다.

어떤 직책은 높은 기술적 직무 능력이 요구되는 반면 높은 대인 관계 기술이 필요한 직책도 있다. 이 두 요소간의 상관관계를 보다 자세히 알아보기 위해서는 표 5-1과 같은 대인 관계 능력 대 기술적 직무 능력 상관관계 함수를 통해 사전 적격 요소Preqaulifying Factors들을 살펴볼 필요가 있다.

각각 세 부분으로 구분하여 이 함수가 어떻게 활용될 수 있는지 알아보자. 우측 하단에는 높은 대인 관계 요소가 필요하지만 기술적 직무 전문성에 대한 요구는 상대적으로 낮은 업무가 속해 있다. 고

표 5-1 기술 대 대인 관계 직무 능력 상관관계 함수

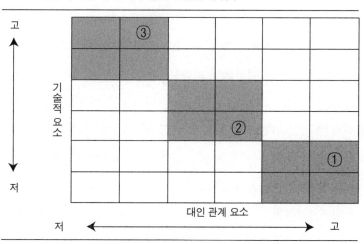

객 서비스직, 사무 보조원, 판매 컨설턴트, 리셉셔니스트, 계산원 등
다양한 직책이 이 부분에 속하는 것을 알 수 있다.

표 5-1의 ①에 있는 판매 컨설턴트라는 직책에 대해 좀 더 자세
히 알아보도록 하자. 이 특수한 직책은 다양한 컨설팅 서비스(예: 조
직 개발, 인문·사회적 기본 스킬soft skills 훈련, 컴퓨터 교육, 소양 교육
등)를 알선해 주는 조직에 속해 있다. 이러한 조직에서 판매 컨설턴
트라는 직책은 다른 사람과 밀접한 관계를 구축해야 하기 때문에
고객의 의중을 파악하는 능력, 요구 변화를 올바르게 진단하는 능
력, 필요에 맞는 서비스를 적절하게 제공할 줄 아는 능력, 고객과의
확고한 업무 관계를 구축할 줄 아는 능력 등이 요구된다. 이를 위해
판매 컨설턴트는 현재 판매되고 있는 서비스에 대한 기본적인 지식
을 가지고 있어야 하며 어떤 것이 고객의 요구에 맞는지 알아야 하
지만, 판매하고 있는 서비스를 수행하는 능력이 요구되는 것은 아
니다. 따라서 이 직책의 기술적 직무 능력 조건은 매우 낮다.

판매 컨설턴트에 관한 기본적 조건에는 다양한 업종 경험, 사외
에서의 판매 경험, 무형 상품에 대한 판매 능력(서비스 대 제품), 상
담적 판매 방식, 관계 구축 능력, 효과적인 의사소통 능력, 대화 청
취 능력 등이 있다. 이러한 요건들은 지원자의 이력서를 통해 알 수
있는 것들은 아니지만 기본적인 조건이기 때문에 이 조건에 맞는
지원자를 대면 면접에 참가할 수 있도록 해야 한다. 판매 컨설턴트
선발용 전화심사 면접 샘플(표 5-2)을 보면 그 내용에 이러한 기본
조건들이 들어 있음을 알 수 있다.

또한 이 양식의 끝 부분에는 '기타 의견/참고 사항' 부분이 있다.
이 난은 지원자로부터 수집한 적절한 추가 정보를 기록하는 데 사

표 5-2 전화 심사 면접 양식 샘플: 판매 컨설턴트

지원자 성명: ───────────────────────── 날짜: ───────── 면접 위원: ─────────────	상	중	하
1. 당신은 어떤 업종에서 일했습니까? 각 업종별로 얼마나 오랫동안 일했습니까(업종별 기간 %)?			
2. 판매 조직에서 당신의 역할은 무엇이었습니까? [예: 지원, 소매, 내근, 현장]			

3. 교육이나 조직 개발이 당신이 판매하는 제품이나
   서비스라고 할 때 어떤 방식으로 전화 판매를
   진행하시겠습니까?			

4. 당신은 새로운 고객/손님과 관계를 구축하기 위해 어떻게 노력하십니까?			
5. 당신은 어떤 대화 기술이 가장 중요하다고 생각하십니까? 또 그 이유는 무엇입니까?			

6. 상대방과의 대화를 효과적으로 이끌고 적절한 질문을 하는
   능력을 활용하여 손님/고객의 기대를 높였던 경험이 있으면
   말씀해 주시겠습니까?			

□ 지원자와 대면 면접 추천 □ 지원자와의 이후 과정 중단 권고			
기타 참고 사항/의견 			

용된다. 예컨대 지원자가 질문에 답변하는 과정에서 면접에서 알아내야 할 특정 능력이 숙달되어 있음을 보여 주는 정보를 제공한다면 해당 능력에 대한 언급을 이 난에 기입한다. 이 난은 또한 지원자가 제기한 관련 질문이나 의견을 기록하는 데 사용된다. 예컨대 지원자가 면접 과정의 다음 단계에 대해 물어보고 다음 주에는 휴가를 보낼 것이라고 말할 경우, "_____ 주에는 면접 불가능"이라고 기록한다.

표 5-1로 되돌아가 보면, 중앙 부분에는 어느 정도의 기술적 조건과 함께 중간 수준의 대인 관계 능력도 요구되는 직책이 포함될수 있다. 대부분의 경우 두 조건 중 하나라도 부족한 지원자는 고려 대상에서 제외된다. 이 부분에 속하는 직책으로는 직원 후생 복지 관리자, 은행 대출 담당자, 공인 중개사, 사무 관리자, 회계 관리자 그리고 일부 생산 판매 인력 등이 있다.

표 5-1의 ②에 있는 회계 관리자를 예로 들어 자세히 살펴보기로 하자.

이 조직 내에서 회계 관리자는 어느 정도의 기술적 측면이 요구된다. 기술적 요건을 갖추지 못한 경우 면접을 진행하는 것은 그리 바람직하지 못하다. 기술적 요건에 해당하는 기술/특수 직무 능력은 다음과 같다.

- 회계학 분야의 학사 학위 소지
- Excel, Access, Word 사용 가능
- 재무제표 작성 및 분석 유경험
- P&L(손익)에 대한 기초 지식

- ERP 또는 PeopleSoft 급여 처리 유경험
- 재무 및 회계 보고서 작성 능력
- 최소 6명 이상의 직원 관리 감독 경험

위의 조건 중 일부(예를 들어 회계학 분야의 학사 학위 소지 또는 급여 애플리케이션 패키지 사용 경험)는 이력서를 통해 알 수 있으므로 이 사항들은 전화심사 면접에 포함시키지 않아도 된다. 마찬가지로 신입 사원에게 교육의 기회를 주고자 하는 기술 또는 특수 직무 능력을 심사 면접 항목에 포함시킬지 여부도 사전에 결정할 수 있다. 그런 다음 나머지 기술 및 특수 직무 능력을 전화심사 면접 항목으로 사용한다.

신입 사원이 조직 내의 해당 직책에서 업무를 성공적으로 수행하기 위해서는 또한 여러 가지 대인 관계 또는 인문·사회적 기본 스킬Soft Skill이 요구된다. 이 조직의 회계 관리자는 네 가지 핵심 인문·사회적 교양을 필요로 한다. 이러한 인문·사회적 교양이 부족한 지원자에 대해 회사는 대면 면접을 진행할 필요가 없다. 4가지 핵심 인문·사회적 교양은 다음과 같다.

1. 고위 경영진과 효과적인 교류에 익숙하고 그러한 경험을 보유
2. 마감 기한에 맞추기 위한 우선순위 결정 능력
3. 문서 작성 능력
4. 윤리/가치/정직

이러한 정보를 전화심사 면접 양식에 포함시키면 표 5-3에서 볼

표 5-3 전화 심사 면접 양식 샘플: 회계 관리자

지원자 성명: _____ 날짜: _____ 면접 위원: _____	상	중	하
1. 자신이 작성해 본 경험이 있는 복잡한 재무제표의 예를 말씀해 주시겠습니까? 무엇 때문에 그 재무제표가 복잡하게 되었습니까?			
2. 재무 보고서나 회계 보고서를 작성하면서 지난 몇 년간 가장 어려웠던 경험은 무엇인지 말씀해 주시겠습니까? 무엇 때문에 특별히 그 상황이 어려웠습니까?			
3. 부하 직원이 가장 많았을 때는 최고 몇 명이었습니까? 그 때는 어느 분야에서 근무할 때였습니까? 부하 직원들의 다양한 개성을 어떻게 조율했습니까?			
4. 세심한 관리로 실수를 피할 수 있었거나 부서의 신뢰도를 높였던 사례에 대해 말씀해 주시겠습니까?			
5. 긴장되고 초조했음에도 불구하고 고위 경영진 앞에서 훌륭하게 프레젠테이션을 했던 사례를 말씀해 주시겠습니까?			

6. 한꺼번에 엄청나게 많은 업무를 부여 받은 경험에 대해 말씀해 주시겠습니까? 일의 우선순위나 시기를 어떻게 결정하였습니까? 마감 시간을 넘긴 업무가 있었습니까? 만약 있었다면 마감 시간을 넘긴 것에 대해 어떻게 하였습니까?			
7. 자신이 작성한 중요한 보고서가 어떤 것들이 있는지 말씀해 주시겠습니까? 무엇 때문에 그 보고서가 그렇게 중요했습니까?			
8. 사무실에서 누군가가 당신이 수용하지 못할 정도로 규칙, 정책, 절차 등을 심하게 과대 해석하거나 편리한 대로 해석했던 사람을 본 적이 있습니까? 그러한 행동에 대해 어떻게 반응했습니까? 왜 그런 대응을 하였습니까?			
□ 지원자와 대면 면접 추천 □ 지원자와 이후 과정 중단 권고			
기타 참고 사항/의견			

수 있는 회계 관리자 모델과 유사한 면을 발견할 수 있을 것이다.

다시 표 5-1로 되돌아가 보자. 좌측 상단 부분에는 성공적인 업무 수행에 있어 대인 관계 능력이 상대적으로 낮게 요구되는 보다 높은 기술직이 포함된다. 이러한 직책에는 약제사, CAD 운용자, 전기 기술자, 환경 기술자 등이 있다. 하지만 대인 관계 능력이 낮게 요구된다는 것이 이러한 능력이 앞에서 언급한 직책에 취업하는 데 이점으로 작용하지 않는다는 것을 의미하지는 않는다(다른 부분이 대동소이 하다면 이 능력이 이점으로 작용할 것이다). 단지 이러한 유형의 직책에 있는 사람은 모든 능력을 갖춘 팔방미인이 아니더라도 업무를 잘 수행할 수 있다는 의미다.

표 5-1의 ③에 있는 환경 기술자를 예로 전화심사 면접 양식이 어떻게 구성되는지를 알아보자. 예컨대 지원자가 다음과 같은 기술적 직무 능력이나 지식이 없다면 이 조직 내의 환경 기술자로 성공적인 업무를 수행할 수 없을 것이다.

- 생물학, 화학, 독물학toxicology, 환경 과학 또는 유사 분야의 학사 학위 소지
- 위험 평가에 관한 국가 규제 사항 숙지
- 현장 환경 평가 유경험
- 위험물 취급 자격증 소지
- 공기 배출 규정에 관한 송풍관 검사 자격증 소지
- 토양 수분 및 지표수 표본 추출과 모니터링 유경험
- 정보 해석 능력

이러한 직종이 특수한 이유는 결과가 극단적인 여러 가지 업무 관련 조건이 요구되기 때문이다. 이러한 조건은 대개 지원자의 이력서에서 찾을 수 없다. 이 조건은 다음과 같은 업무를 할 수 있고 하고자 하는가이다.

- 극도의 고온 또는 저온 환경에서 근무
- 25파운드 이상을 주기적으로 운반
- 좁은 공간을 오르거나 기는 업무
- 4피트 이상의 높이에서 근무
- 유해 공기 차단 방독면 착용
- 긴급 출동 업무

이 직책에 필요한 대인 관계 능력을 살펴보면 앞에서 예를 든 다른 두 종류의 직책보다 훨씬 적은 항목만 필요하다는 것을 알 수 있다. 이 직책에 필요한 대인 관계 능력은 다음과 같다.

- 가입자 관계
- 갈등 관리
- 서면 및 구두 의사소통 능력

이 정보를 예를 든 회사의 전화심사 면접 항목에 포함시키면(이 직책에 대해 모든 회사가 동일한 요구 조건을 사용하지는 않는다는 점을 감안해야 한다), 그 결과는 표 5-4의 환경 기술자에 관한 샘플과 유사하게 된다.

표 5-4 전화 심사 면접 샘플: 환경 기술자

지원자 성명: _____ 날짜: _____ 면접 위원: _____	상	중	하
1. 가입자와 해결해야만 했던 가장 어려웠던 갈등에 대해 말씀해 주시겠습니까?			

2. 때때로 동일한 정보에 대해 주별로, 업계별로, 그리고 공공
   부문별로 서로 다르게 해석하는 경우가 있습니다. 이러한
   상황을 경험해 본 경우를 말씀해 주시겠습니까? 그 상황은
   어떻게 해결되었습니까?			

3. 방대한 업무 범위의 프로젝트를 계약해 본 경험이 있다면 말씀해 주시겠습니까?			

4. 가입자가 때로는 규정을 맞추지 못하는 경우가 있습니다.
   이런 일이 있었다면 이에 대해 말씀해 주시겠습니까?
   자신은 어떻게 했습니까? 결과는 어떠했습니까?			

5. 자신이 작성해야 했던 메모, 서식, 허가서 및 보고서 종류를 간략하게 말씀해 주시겠습니까?			
6. 학위 이외에 자신이 받은 업무 관련 교육은 어떤 것이 있었습니까?			

8. 이 직책에 요구되는 여러 가지 업무 조건이 있습니다. 제가 그 조건을 읽어 드리면 합리적인 조정을 거치거나 조정 없이 그 조건 하에서 업무를 할 수 있고 하실 의향이 있는지 말씀해 주십시오. 읽겠습니다.	능력/의향	
	예	아니오
a. 극도의 고온/저온 환경		
b. 좁은 공간에서 기어오르기/기기		
c. 4피트 이상의 높이에서 업무		
d. 정기적으로 25파운드 이상 운반		
e. 유해 공기 차단 방독면 착용		
f. 긴급 출동 업무		
□ 지원자와 대면 면접 추천 □ 지원자와의 이후 과정 중단 권고		
기타 참고 사항/의견		

직책에 따라서 다음과 같은 여러 가지 다른 요소들이 전화심사 면접 항목에 포함될 수 있다.

- 해당 직책에 요구되는 시간대에 근무할 수 있고 할 의향이 있 는가?(예: 야간 근무, 오후 근무, 시간제 근무)
- 초과 근무나 주말 근무를 할 수 있고 할 의향이 있는가?
- 업무 관련 출장에 개인 차량을 사용할 의향이 있는가?
- 특정 타이핑 범위(예: 분당 50~60타) 내에서 타이핑할 수 있는 가?

- 특수 장비를 운용할 수 있는가?
- 다른 언어를 구사할 수 있는가?
- 인증서를 가지고 있는가?(예: 공인 인터넷 웹마스터, 마이크로소프트 인증 시스템 엔지니어)

전화 면접을 진행할 때는 양식에 기재된 심사 대상인 기본적·핵심적 업무 지식/직무 능력이 아니더라도 예비 지원자의 답변으로 점수를 매긴 후 해당 평가란에 체크하거나 다른 방법을 사용하여 지원자의 등급을 매기고 전화심사 면접이 끝난 후 그 지원자와의 대면 면접 진행 여부를 결정한다. 즉 지원자가 보다 자세히 파악해도 될 만큼 기본적인 업무 요구 사항을 갖추고 있는지 여부를 판단한다.

본장에서는 전화심사 면접을 일대일로 진행하는 것으로 가정하였다. 하지만 회사에 따라서 다른 방식이 사용되기도 한다. 가장 흔히 사용되는 방식은 담당 면접 위원 이외에 또 한 면접 위원이 전화심사 면접을 옆에서 참관만 하거나 직접 참여하여 공동 진행하는 방식이다. 이 사람은 지원자의 등급을 매긴다. 그런 다음 두 면접 위원은 점수를 비교하고 지원자를 이후 면접 과정에 참여시킬지 여부를 공동으로 결정한다. 이런 방식을 사용하는 조직에 따르면 두 사람을 전화심사 면접에 참여시키는 데 드는 비용이 채점자 오류를 최소화하는 데 드는 비용보다 적다고 한다.

성공적인 전화심사 면접 진행을 위한 다섯 가지 지침 중 첫 번째 지침에 대한 설명을 마치기에 앞서, 기본 업무 요구 사항에 대한 주의점을 지적하고자 한다. 해당 직책에 맞는 최고의 지원자를 모집하기 위해 때때로 높은 요구 사항을 제시하려고 하는 경향이 있다. 이러한 요구 사항을 정할 때는 차별적인 사항이 들어가지 않도록 주의해야 한다. 특정 조건이 합법적인지 또는 적절한지 여부를 확실히 알 수 없다면 해당 부서에 문의해야 한다.

면접은 되도록 짧게 한다

전화심사 면접은 예비 지원자가 해당 직책에 요구되는 조건과 기본적인 요구에 맞는지를 알아볼 수 있는 기회이다. 따라서 이 면접은 완전한 면접이 아니다. 일반적으로 전화심사 면접은 짧고 간략해야 한다(평균 30분 이내). 전화심사 면접을 진행하는 유일한 목적은 예비 지원자가 기본적으로 요구되는 조건에 맞는지를 알아보는 데 있다는 점을 명심해야 한다. 예비 지원자가 그 조건을 갖추고 있지 않다면 대면 면접은 의미가 없다.

면접 도중 직무 요구 사항에 대해 깊게 논의하지 않는다

어떤 경우에도 전화심사 면접 도중에 예비 지원자에게 해당 직책의 특정 책무나 요구되는 역량에 대해 알려줘서는 안 된다. 이러한 정보는 지원자에 대해 알고 싶거나 필요한 정보를 모두 수집한 후 첫 번째 대면 면접이 끝날 때쯤에나 공개할 수 있다. 직책에 대한 정보를 지원자에게 너무 일찍 알려 주면 지원자는 CBBI 질문에 답할 때 자신이 실제보다 훨씬 더 적합한 것처럼 보이려고 꾸며 댈 수도 있다.

법에 저촉되지 않도록 한다

전화심사 면접은 전체 면접 과정의 일부분이기 때문에 법에 저촉되면 안 된다. 관련 문서는 대면 면접의 문서와 동일한 성격이어야 한다. 최소한 대면 면접에서 법에 저촉된다고 생각되는 것은 전화 면접에서도 하거나 말해서는 안 된다. 왜냐하면 동일한 규칙이 적용되기 때문이다. 전화심사 면접 양식을 사용할 때 그 양식이 면접 문서이고 따라서 면접 문서로 취급해야 한다는 점을 명심해야 한다. 특히 문서에 기입된 모든 기록들은 업무와 관련된 것이라야 한다. 면접 진행이나 양식 중 확실하지 않은 부분이 있다면 담당 부서에 검토를 의뢰해야 한다.

적절한 장비를 활용한다

휴대전화를 통해 전화심사 면접을 진행하는 것은 피해야 한다. 이 지침은 당연한 상식처럼 들리지만 모두에게 반드시 그런 것은 아니다. 내 친구 중 한 명이 관리직에 지원한 후 최근 구인자의 휴대전화로 진행된 전화심사 면접으로 곤혹을 치렀다. 수신 감도가 좋지 않아 구인자가 하는 말이 잘 들리지 않아 자꾸 다시 말해 달라거나 분명하게 말해 달라고 요구해야만 했다. 면접을 시작하고 몇

분 후 내 친구는 면접을 다른 시간대로 재조정해 줄 것을 청했지만 구인자는 "괜찮습니다. 저는 잘 들리는데요."라고 대답했다. 지원자의 말을 분명하게 듣고 이해할 수 있는 것도 중요하지만 지원자가 면접 위원의 말을 명확하게 듣고 이해하는 것 또한 중요하다. 휴대전화 면접에 방해가 될 수 있는 신호음 끊김과 같은 문제가 발생하면 면접 과정이 완전히 엉망이 되어 결국 전화심사 면접이 실질적으로 무의미하게 된다.

여하튼 내 친구는 시험에 합격하여 입사가 결정됐지만 그 자리를 거절했다. 결정적인 원인은 아니었지만 그 휴대전화 면접이 어느 정도 결정에 영향을 준 것이다.

06 면접 지침서 작성

모든 조직은 그 조직의 문화와 면접 위원의 요구를 가장 효과적으로 반영한 면접 양식이나 지침서를 작성한다. 문서의 최종 형식이 어떻든 잘 짜인 면접 지침서는 최소한 다음의 세 부분으로 구성될 것이다.

1. 요약/개요
2. 역량중심 행동면접(CBBI) 질문
3. 평가 기준

본장에서는 이러한 면접 지침의 세 부분에 대해 각각 검토하고 각 부분에 맞는 샘플 형식을 살펴보도록 하자.

요약/개요

요약/개요는 지원자에 대한 모든 핵심 정보를 간략하게 조회할 수 있도록 한두 페이지로 구성된다(표 6-1 참조). 이 부분이 추가적이고 불필요한 사족처럼 보일지 모르지만 지원자들의 등급을 비교하는 시점이 되면 이 부분을 이용하여 실질적으로 시간을 절약할 수 있다. 모든 정보들이 명확하고 깔끔하게 면접 문서 앞부분에 요약되어 있다면 특정 등급이나 기록을 찾으려고 문서를 이리저리 뒤적일 필요가 없을 것이다.

표 6-1에서 보는 바와 같이, 직책에 요구되는 기술 및 특수 직무 능력을 앞부분에 기록한다.

이렇게 하는 이유는 이러한 직무 능력에 대한 정보가 면접을 지속할지 여부를 결정할 때 지원자의 지원서에서 첫 번째로 검토해야 하는 항목 중 하나이기 때문이다. 이 샘플에서 '기술 및 특수 직무 능력' 부분에 두 종류의 평가 기준이 사용된 것을 볼 수 있다. 첫 번째 평가 기준은 '지원자가 보유하고 있는가, 보유하고 있지 않은가'로 판단할 수 있는 '예/아니요' 사항에 적용된다. 예컨대 지원자가 화학 공학 분야의 학사 학위를 소지해야 한다는 요건을 충족시키는지, 아니면 이 요건을 충족시키지 못하는지를 알아본다. 어중간한 중간은 존재하지 않는다.

이러한 유형의 평가 기준은 학위, 자격증, 면허증 또는 이와 유사한 요건을 평가할 때 의미가 있다. 두 번째 평가 기준은 수용 가능 정도가 다양한 요건에 적용된다. 표 6-1의 샘플에서는 2점을 단위로 하는 8점의 리커트Likert 척도가 사용되었다. 사용하는 사람이

표 6-1 [직책]용 면접 양식 샘플: 요약/개요

지원자 ——————— 면접일 ————— 면접 위원 ——————

1. 기술 및 특수 직무 능력

_____ (예: 선호하는 학위) 평가
_____ (예: 면허증) 기준
_____ (예: 자격증)

보유	5
미보유	0

_____ (예: 6시그마와 같은 평가
　　　品質 관리 경험) 기준
_____ (예: 세계 수준의 특정 제조 기술
　　　에 관한 지식)
_____ (예: 특정 업계에 종사한 경험)

미보유	0
최소	1~2
평균/적정	3~4
평균 이상	5~6
우수	7~8

2. 역량

역량 및 정의　　　　　　　　　　　　　　　등급

——————————————————　　　————————
——————————————————　　　————————
——————————————————　　　————————
——————————————————　　　————————
——————————————————　　　————————

3. 강점 및 약점

강점	약점

기타 의견	
권고 사항	○ 채용 권장(배경과 평판 확인 결과 만족) ○ 면접 지속 — 유력한 지원자 ○ 면접 지속 — _____ 에 관한 문제 해결 필요 _____ ○ 제외 권고 ○ 기타(특기 사항) _____ _____

쉽게 이해할 수 있다면 어떤 점수 분포 체계(3~10점)도 무방하다.

요약/개요의 다음 부분은 '역량' 란이다. 각각의 역량은 회사가 그 단어나 어구를 어떻게 사용하는지에 따라 정의된다. 또한 면접 위원이 지원자의 해당 능력에 매긴 점수도 양식에 기록한다. 모든 면접 위원이 모든 역량에 대해 질문할 수는 없으므로 일부 역량에 대해서는 개별 면접 위원에 따라 점수를 매기지 않는 경우도 있을 수 있다.

요약/개요의 세 번째 부분은 면접 과정에서 가장 주관적인 부분

표 6-2 강점과 약점: 잘못된 예와 좋은 예

잘못된 예	
강점	약점
+ 급변하는	세부 사항 관리

좋은 예	
강점	약점
급변하고 스트레스가 많은 환경에서도 업무 부담을 잘 이겨 나감. 불확실 #2, 유연성 #1에 대한 답변 참조	현재 지원자가 근무하는 회사는(지원자에 따르면) 지나치게 엄격하게 관리되고 있음. 제시한 예로 미루어 볼 때 그 회사는 지나치게 간섭하는 듯. 역량 A, #1: "심지어 우리가 적절한 업무를 하고 있다는 것을 알고 있는데도 경영진은 우리에게 다른 것들을 하라고 말합니다." 역량 C, #2: "예. 우리는 Y대신 왜 X를 하고 있냐고 질문한 적이 있습니다. 그러나 저는 단지 그렇게 해야만 했습니다. 저의 업무는 질문하는 것이 아니니까요." 그리고 "지침을 따르는 것이 (숨김없이) 단순히 최고의 행동 방침입니다." 이 답변 때문에 본 면접 위원은 이처럼 느슨하게 관리되는 회사에서 그의 능력이 효과적으로 발휘될지에 대해 의문이 든다.

이다. 이 부분에서 면접 위원은 지원자의 강점과 약점뿐만 아니라 기타 관찰한 바를 기록할 수 있다. 그러나 각각의 주관적인 관찰도 가능한 한 특정 면접 질문에 대한 지원자의 답변과 관련성이 있어야 한다.

표 6-2에는 강점과 약점이라는 서로 상반되는 두 정보를 기록하는 난이 있다. '잘못된 예'의 기록 내용은 나중에 면접 위원이 면접 당시 무슨 의미로 쓴 것인지 기억하지 못할 경우 문제가 될 수 있다. '+ 급변하는'은 지원자가 급변하는 환경에서도 업무를 훌륭하

게 수행할 수 있다는 것을 의미하는 것일까, 아니면 급변하는 업무 환경을 원하는 것일까? '세밀한 관리micromanaged'가 의미하는 바는 지원자가 사소한 일까지 챙기는 사람이라는 것일까, 아니면 지원자에 대해 세부 사항까지 챙기라는 것일까? 이런 암호화된 메모를 한 후 얼마간 시간이 지나면 지날수록 면접 위원은 그 의미를 완전하고 정확하게 설명하기가 더 힘들어진다. 반면 '좋은 예'는 면접 위원의 기억을 확 일깨워 주기에 충분한 내용을 제공하여 지원자에 대해 충분히 논의할 수 있게 한다.

역량중심 행동면접 질문

역량중심 행동면접(CBBI) 질문은 면접 지침서에서 두 번째 장을 차지한다. 따라서 두 번째 장은 CBBI 역량들과 질문들로 구성된다. 각각의 역량마다 한 페이지 정도를 할애하여 면접 위원이 적절히 면접 기록을 작성할 수 있는 충분한 공간을 제공해야 한다.

STAR 프로세스를 반드시 CBBI 질문 부분에 포함시켜야 되는 것은 아니지만 그렇게 하기를 강력히 권장한다. CBBI는 실제 경험에 초점을 맞추어져 있기 때문에 지원자가 제시하는 상황과 관련한 모든 사실들을 수집하는 것이 중요하다. 표 6-3에 나와 있듯이 STAR 프로세스는 면접 위원이 이런 모든 사실들을 수집하도록 유도한다.

각각의 CBBI 질문서를 작성할 때 고려해야 할 또 하나는 평가 기준을 역량과 질문이 있는 동일한 페이지에 포함시킬 것인지 아니면 별도로 할 것인가이다. 표 6-4는 평가 기준이 포함되어 있지 않은

표 6-3 STAR 프로세스

상황[S]	지원자가 겪었던 상황은 어떤 것이었고 지원자는 무엇을 달성해야 했는가? 환경은 어떠했는가?
과업[T]	위의 상황을 처리하기 위해 지원자는 어떠한 직무를 달성해야 했는가? 지원자가 "우리"가 한 일에 대해 말한다면 지원자가 무엇을 했는지를 알기 위해 직무 및 조치에 관한 탐색 질문을 할 수 있다.
행동 조치[A]	직무를 달성하기 위해 지원자는 특별히 무엇을 하였는가? (주: 지원자의 조치가 무엇이었는지를 알아야 한다. 일부 사람들은 자신이 직접 어떤 일을 하지 않았을 때 "우리는 … 을 했다."거나 "우리는 … 을 발견했다."라는 말을 사용한다. "우리"라는 말을 듣는다면 추적 질문을 통해 명확히 해야 한다. 탐색/추적 질문에 관한 내용은 제4장을 참고하기 바란다).
결과[R]	결과는 어떠했는가? 그 과업을 달성했는가? 그 조치를 통해 지원자가 직면했던 상황을 해결하였는가? 지원자는 그 경험을 통해 어떤 교훈을 얻었나?

CBBI 질문서의 경우이다. 물론 이 양식이 작성 가능한 유일한 형식은 아니다. '최선'의 형식은 면접 위원이 사용하기에 편리한 형식이다. 어떤 형식을 사용하기로 선택했든 각각의 역량에 관한 질문마다 한 페이지씩 할당해야 한다. 표 6-5를 보면 이렇게 작성된 페이지가 면접 문서에 어떤 식으로 포함되는지를 쉽게 이해할 수 있다.

평가 기준

잘 구성된 면접 지침서의 최종 부분인 세 번째 장은 평가 기준에 할애된다. 평가 기준에는 기본적으로 두 종류가 있다. 하나는 평가

표 6-4 CBBI 질문: 역량 형식

지원자 _____   면접일 _____

역량:(필요 역량의 정의 및 행동 지표)

(행동 면접 질문 #1)				
	상황[S]	과업[T]	조치[A]	결과[R]

(행동 면접 질문 #2)				
	상황[S]	과업[T]	조치[A]	결과[R]

기준을 CBBI 질문서의 일부분으로 하는 형태이고 다른 하나는 평가 기준을 별도의 문서로 분리하는 형태이다. 분리했을 경우에는 완전히 별도의 문서로 분리하는 경우와 CBBI 질문서 다음 페이지에 이어 놓는 방식이 있다.

평가 기준을 어떻게 채점하는가를 결정하는 가장 중요한 요소는 평가 척도의 구성인데, 이를 행위 기준 척도법Behaviorally Anchored Ratings Scales(BARS) 또는 행위 관찰 척도법Behavi-oral Observation

표 6-5 CBBI 질문: "기획" 역량

지원자: 홍 길 동   면접일: 200X년 5월 8일

역량: 기획 ― 합의된 기간 내에 핵심 과업, 프로젝트, 목표 및 목적을 수행할 수 있도록 기반을 정립하는 것

- ☐ 과업과 프로젝트의 규모와 어려움을 정확하게 예측한다.
- ☐ 목적과 목표를 설정한다.
- ☐ 일정을 수립하고 과업 · 인력을 할당하는 효과적인 프로세스를 활용하여 과업/프로젝트를 소단위의 업무로 나눈다.
- ☐ 문제와 장애 요소를 예측하고 적절한 조정을 할 수 있다.
- ☐ 목표 대비 성과를 측정한다. 결과를 평가한다.

아이디어가 채택되지는 않았지만 경영진을 설득하려고 노력했던 사례를 말씀해 주시겠습니까?
- ● 당신은 그 아이디어가 왜 채택되지 않았다고 생각하십니까?
- ● 그 아이디어 설득을 다시 한다면 어떤 다른 방법으로 하실 겁니까?

상황[S]	과업[T]	조치[A]	결과[R]

노트:

충분한 정보나 지침 또는 지시를 받지 않고도 어떤 일을 달성했던 경험에 대해 말씀해 주시겠습니까?

상황[S]	과업[T]	조치[A]	결과[R]

노트:

Scales(BOS)이라고 한다.

평가 척도는 일반적으로 모든 역량에 적용되는 매우 간단한 체계에서 각각의 구체적 역량에 적용되는 복잡하고 상세한 체계까지 매우 다양하다. 이론적으로 BARS나 BOS는 구체적으로 정의된 행동과 숫자로 표시된 등급을 평가 기준 내의 다양한 점수로 연계시킴으로써 채점자의 오류를 줄여 준다.

BARS나 BOS가 더 세분화되고 체계적일수록 동일한 지원자의 동일한 역량에 대한 여러 채점자간 일관성은 더 높아질 수 있다. 즉 두 면접 위원이 한 지원자의 어느 한 역량을 면접할 경우 평가 기준이 명확하게 정의되어 있을수록 면접 위원들이 그 지원자에게 매긴 점수는 더 비슷해질 것이다. 그러나 이러한 방식의 단점은 역량마다 상세하게 평가 기준을 세우려면 매우 힘들고 피곤하며 시간이 많이 든다는 점이다. 이런 단점이 있는 반면 이 작업은 한 번만 수고하면 되는 작업임을 강조하고 싶다. 일단 역량에 대한 특수한 평가 기준을 개발하는데 시간을 투자하고 나면 이 평가 기준은 조직 내 해당 역량이 요구되는 모든 직책에 적용될 수 있다.

하지만 특수한 역량 평가 기준이 반드시 최선의 선택이라는 것은 아니다. 최선의 평가 기준은 조직 문화, 일상 업무 그리고 전반적인 면접 방식에 따라 달라질 수 있다. 먼저 가장 기본적인 평가 척도부터 시작하여 여러 가지 평가 척도에 대해 살펴보도록 하자.

범용 평가 척도

표 6-6의 평가 기준은 모든 역량에 적용할 수 있는 가장 기본적

인 평가 기준의 예이다. 이 예에서는 6점 리커트 척Likert Scale를 사용했지만 다른 점수의 리커트 척도(예: 1~4 또는 0~10)를 사용해도 된다. 이 체계는 면접 지침의 각 페이지에 포함되거나 요약/개요 부분에 둘 수 있다.

범용적으로 적용되는 평가 척도 쉽고 빠르게 작성할 수 있고 사용하기도 편리하지만, 채점자 간 점수 차이가 지나치게 커질 수도 있다. 예컨대 지원자의 '효과적인 대화 청취 능력'에 대해 면접을 진행한다고 가정해 보자. 한 면접 위원은 참을성 있게 앉아서 책상 위에 놓인 물건을 만지작거리지 않으면서 5초 이상을 타인의 말에 경청하고 주기적으로 시선을 마주치는 모습이 뛰어난 청취 능력을 입증하는 태도라고 생각하는 반면, 다른 면접 위원에게 있어서(고등 교육을 받고 능력과 재능이 뛰어난 관리자일 경우) 적극적인 청취 태도란 시선을 상대방 눈을 똑바로 쳐다보면서 자신이 이해한 것을 확인하기 위해 상대가 한 말을 다시 반복하고 더 정확하게 이해하기 위해 질문을 하며 효과적이고 적절하게 제스처를 취하는 것을 의미할 수도 있다. 이

표 6-6 기본 평가 기준: 6점 리커트 척도(Likert Scale)

0	1~2	3~4	5~6
기본 요건 충족 못함	기본 요건 충족함	기본 요건을 약간 상회	기본 요건을 상당히 상회
평가 참고 사항:			

런 전제 하에 표 6-6을 면접에 사용한다면, 동일한 지원자에 대한 두 면접 위원의 점수 차이는 아주 크게 나타날 것이다. 지원자에 대한 논의를 위해 면접 위원들이 함께 모이면 지원자의 '청취' 역량을 어느 정도로 평가해야 할지에 대해 아마도 '격렬한' 토론이 벌어질 것이다.

척도를 약간 높이더라도 범용one-size-fits-all-competencies 방식에는 변함이 없지만 척도가 세분화되고 수준별 상세한 설명을 하면 면접 위원은 약간 더 명확하게 판단할 수 있는 기준을 갖게 될 것이다. 표 6-7(-1~4 척도 사용)과 표 6-8(0~8 척도 사용)은 보다 자세한 접근 방식을 보여 준다.

각 역량에 맞춘 평가 기준

평가를 보다 구체적으로 하기 위해서는 역량 별로 평가 기준을 사용해야 한다. 표 6-9는 각각의 역량에 맞춤식으로 구성된 빈칸 채우기 형식의 예이다. 이러한 평가 기준은 면접 양식에 포함시키거나 면접 위원에게 별도의 문서로 제공될 수 있다.

개별 역량 평가 기준을 면접 문서에 포함시키는 경우의 가장 큰 단점은 면접 위원이 상당한 양(아마도 엄청난 양)의 문서를 면접실에 들고 가야 한다는 것이다. 반면 평가 기준을 별도의 문서로 하면 면접 위원은 평가 척도에 대한 실제 설명을 참조하지 않고 각각의 평가 척도에 기재된 내용만을 전제로 하게 되어 평가 오류가 발생할 수 있다. 적절한 타협점은 아마도 면접 문서에서 평가란을 분리하여 면접 양식과 평가 양식으로 별도의 두 문서를 가지고 면접을 진

표 6-7 범용 평가 기준(One-size-fit-all Rating Scale): 4점 리커트 척도

	평가	설 명
-1	부정적	긍정적 사례로 언급한 상황이 해당 역량의 숙달된 수행에 대한 회사의 정의와 맞지 않았음. 또는 부정적 사례를 설명할 때 해당 사례를 통해 교훈을 얻지 못했거나 얻은 교훈이 해당 역량의 능숙한 수행에 대한 회사의 정의와 맞지 않았음.
0	부재	지원자는 적절한 사례를 제공할 수 없었음.
1	어느 정도 효과적	지원자는 해당 역량의 성공적인 수행을 보여 주는 지표의 대부분을 보여 주었음. 제시된 사례는 비교적 수용 가능했음. 지원자는 지도/개발을 통해 정의된 역량을 충족시킬 수 있을 것으로 보임.
2	능숙	지원자는 회사가 정의한 바와 같은 역량을 훌륭히 입증했음. 지원자의 사례는 해당 역량을 효과적으로 수행하는 데 필요한 지식/과업 능력/재능을 성공적으로 적용할 수 있는 재능이 있음을 보여 줌.
3	탁월	지원자는 기대 이상으로 이 상황을 잘 처리했음. 기술된 행위는 능숙한 수행에 대한 회사의 정의를 분명히 충족하고도 남음.
4	지도자	지원자가 제시한 사례는 지원자가 타인의 역할 모델이 될 수 있음을 보여 줌. 지원자는 타인이 해당 역량을 높이 발휘할 수 있도록 지도, 교육, 동기 부여를 할 수 있을 것임.
평가 참고 사항:		

표 6-8 범용 평가 기준: 8점 리커트 척도

평가	설 명
7~8 매우 탁월	● 합리적 예상을 뛰어넘는 행동을 보임. ● 보기 드문 소질로, 조직 내 극소수에게서만 찾아 볼 수 있음. ● 직무 능력/지식/행동/이해력/활용도 면에서 지속적으로 두각을 나타낼 것이 확실. ● 매우 높은 전문성이 있음을 입증함. ● 타인의 모범이 되거나 지도자로서의 모델 역할을 할 것으로 예상. ● 해당 역량에 대한 지원자의 능숙함은 회사가 보유한 최고의 인력과 비교할 만함.
5~6 탁월	● 보여 준 성과는 매우 능숙한 인력의 역량을 명확하고 지속적으로 뛰어넘음. ● 답변은 그의 역량이 해당 직책에 필요한 역량을 충족시키는데 있어 예상되는 수준 이상임을 보여 줌. ● 이 상황을 다루는 데 있어 보통 이상의 능숙함을 보여 줌.
3~4 능숙	● 제시한 성과/행위/직무 능력 활용 경험은 해당 역량에 능숙한 사람의 수준과 같음. ● 제시한 경험은 지원자가 해당 역량을 성공적으로 입증할 수 있는 기준을 이해하고 있음을 보여 줌.
1~2 향상이 요구됨	● 역량 적용 설명은 이 조직에서 허용할 수 있는 기준에 약간 못 미침. ● 제시한 경험 정보는 해당 사례로부터 교훈을 얻었고 발전을 했음을 보여 주지만 회사의 기준에 아직 미치지 못함.
0 수용 불가	● 해당 역량의 적절한 활용 예를 제시할 수 없었음. 또는 ● 제시한 사례는 해당 역량의 능숙한 수행 수준에 크게 못 미침. ● 해당 상황으로부터 교훈을 얻었음을 보여 주지 못했음 그리고/또는 지원자의 성과가 수용할 만하다고 생각하지 않음.
평가 근거 의견	

표 6-9 역량별 평가 기준

역량:				평가:
정의:				
-1	부정적	수집한 근거는 지원자의	능력이 심각하게 결여되어 있음을 보여 줌.	
0	부재	지원자는 직원을 개발하는 자신의 능력에 해당되는 예를 제공할 수 없었음.		
1~2	약간 효율적	지원자는 몇 가지 잘못된 조치를 취했으며 이로 인해 능숙하지 못한 모습을 보였음. 그러나 지원자는 자신의 잘못을 인식하며 시정 조치를 취했고 실수로부터 교훈을 얻었음. 발전된 모습을 볼 수 있었으며 지원자는 지속적인 발전 잠재력을 분명히 가지고 있음.		
3~4	능숙	● ●	● ●	
5~6	우수/ 지도자	● 다른 사람들의 역할 모델임. ● 다른 사람에게 조언을 줌.	● ●	
평가 근거				

행하는 방법일 것이다.

표 6-10은 '직원 개발' 역량에 대해 이러한 방법으로 작성된 평가 기준의 예이다.

역량과 평가란 배치

앞에서 언급한 바와 같이, CBBI 질문서와 평가 표(척도)로 구성된 면접 양식을 배치하는 방법에는 결합 또는 분리의 두 가지가 있다. 어떤 방식이 조직에 최선인지를 결정하는 데 도움을 주기 위해 표 6-11부터 6-16까지 여러 배치 예를 제시해 보았다.

표 6-10 "직원 개발" 역량: 평가 기준

역량: 직원 개발	평가:
정의: OJT, 조언, 지도, 수업, 온라인 및 기타 적절한 방법을 통해 부하(direct reports)의 장/단기적 역량 증대 및 발전을 촉진시킨다.	

-1 부정적	수집된 근거는 직원을 성장 발전시키는 지원자의 능력이 상당히 결여되었음을 보여 줌. 지원자가 제공한 근거는 명확히 부적절한 개발 방법이 사용되었거나 그 결과가 다른 면에서 부정적이었음을 보여 줌.	
0 부재	지원자는 직원을 개발하는 자신의 능력을 보여 주는 예를 제시하지 못했음.	
1~2 약간 효과적	지원자는 몇 가지 잘못된 조치를 취했으며 이로 인해 능숙하지 못한 모습을 보였음. 그러나 지원자는 자신의 잘못을 인식하며 시정조치를 취했고 실수로부터 교훈을 얻었음. 발전된 모습을 볼 수 있었으며 지원자는 지속적인 발전 잠재력을 분명히 가지고 있음.	
3~4 능숙	● 직원 개발이 자신의 업무 중 핵심 부분이라고 생각함. ● 피드백을 제공함(비판적이 아님). ● 보고서 각각의 업무상 목표를 알고 있음. ● 정보를 제공하여 각 직원의 개발 계획을 수립 및 실행함. ● 직원과 매년 2회 개발 검토 및 계획 수립 회의를 개최	● OD 부서의 지원을 받거나 지원 없이 직원 개발을 위한 가장 적절한 방법을 결정할 수 있음. ● 부하 직원들의 직책뿐만 아니라 직책을 넘어서 성장할 수 있는 기회를 제공한 실적이 있음.
5~6 탁월/ 지도자	● 다른 사람들의 역할 모델임. ● 다른 사람들에게 조언을 줌. ● 직원과 최소 분기마다 개발 검토와 계획 수립 회의를 개최.	● 잠재 능력이 있지만 약간의 코칭과 자문이 필요한 직원을 채용하거나 전입시킨다.
평가 결과 설명을 위한 특이 사례		

228

'정보 교환giving/receiving information'(표 6-11)과 '다양성 가치'(표 6-12) 역량에 관한 면접 문서는 역량과 평가를 결합한 배치 방식의 예이며 '윤리 및 정직'(표 6-13과 6-14)과 '결과 지향'(표 6-15와 6-16) 역량에 관한 면접 문서는 역량과 평가 기준을 분리한 배치 방식의 예이다.

어떤 평가 기준을 사용하든 상관없이, 면접 양식에는 면접 위원이 지원자에게 특정 수준의 점수를 부여한 이유와 관련된 지원자의 진술을 기록하기 위한 공간을 마련해 두어야 한다. 다음과 같이 면접 위원이 지원자의 '냉정함' 역량에 대해 메모해 두었다고 가정해 보자.

> 좋은 예를 제시함. 경력 풍부. 추적 질문 답변에 문제 없음. 분명 훌륭하게 처리
> 했음!

이 메모의 문제는 무엇일까? 위의 의견을 작성하고 최종적으로 고용을 결정하는 회의에 참가하는 데 채 하루가 지나지 않았고 또 그 사이 한두 번의 면접만 더 진행했다 하더라도 면접 위원은 '좋은 예'가 무엇인지 그리고 지원자가 '훌륭하게 처리했음'이 무엇을 의미하는지 기억할 수 없을 것이다.

면접 위원은 면접 훈련 중 하나로 구체적이고 효과적이며 업무와 관련된 평가 메모를 작성하는 방법에 대해 배워야 한다. 예컨대

> 이사회 프레젠테이션. 직원이 모든 차트를 업데이트하지는 않았음 — 확인 소홀
> (책임 인정). 임원이 물어본 정보에 대해 알지 못했음 — "허둥댔음"(깊은 한숨,

청취). 발표한 자료 범위 밖의 부서 관련 질문에 대처함(적절한 유머 — 예: 부서의 미래에 대한 질문). 이 상황을 통해 배운 바(기획, 업무 확인, 발표 연습, 관련/비관련 질문 예상)와 그 교훈을 어떻게 향후 프레젠테이션에 포함시킬지를 자발적으로 얘기함.

위와 같은 메모는 상황을 구체적으로 자세하게 기록하기 때문에 면접 위원이 지원자에게 특정 점수를 부여한 이유를 기억할 수 있도록 해 준다. 면접과 지원자에 대한 논의 사이에 어떤 일들이 발생하더라도 자세히 기록된 메모만 있으면 면접 위원은 지원자의 상황에 대해 구체적으로 기억할 수 있을 것이며 그 지원자에게 특정 점수를 부여한 이유에 대해 설명할 수 있을 것이다.

표 6-11 "정보 교환"(giving/receiving information) 역량 및 평가 형식

역량 및 정의: 정보 교환. 조직의 내/외부뿐만 아니라 조직 전반 및 상/하로 의사소통 채널을 개방해 놓는다.				
행 동				
● 적절한 시기에 적절하게 정보를 얻는다.	?	—	✓	+
● 위협적이지 않은 방법으로 의견, 견해, 생각을 표현한다.	?	—	✓	+
● 의견, 가치, 생각을 듣고 있다는 점을 보여 준다.	?	—	✓	+
● 적절히 최신 정보를 제공한다.	?	—	✓	+
● 업무를 효과적으로 하는 데 필요한 정보를 충분히 갖도록 한다.	?	—	✓	+
● 의사소통 도구를 사용한다.	?	—	✓	+

Q1: 자신이 확고한 네트워크를 구축하고 있어서 다른 사람은 확보할 수 없었던 정보를 수집할 수 있었던 상황에 대해 말씀해 주십시오.
Q2: 상대방에게 매우 중요했던 정보를 제공하는 데 지체했던 상황에 대해 말씀해 주십시오.

참고:	S
	T
	A
	R

역량 평가:	☐ 4 — 지도자
	☐ 3 — 탁월
	☐ 2 — 충족
	☐ 1 — 약간 충족
	☐ 0 — 입증 못함

표 6-12 "가치 다양성" 역량 및 평가 형식

역량: 가치 다양성	평가
수용 불가 (0)	● 자신과 가치관이 다른 사람과 잘 지내지 못한다. ● 사람들 간 차이에 대해 익숙하지 않다. ● 일하는 데 다양성이 주는 가치를 알지 못한다. ● 사람/그룹에 대한 고정관념이 있다.
능숙 (3)	● 적절하고 올바른 방법으로 다양성 문제를 다룬다. ● 인종, 국적, 문화, 장애 그리고/또는 성과 상관없이 능력과 잠재력을 보고 고용한다. ● 다양성에 대한 모든 회사 정책과 절차 그리고 지침을 따르고 지지한다.
특수 (6)	위 난의 항목과 함께 ● 다양성에 대해 언급함에 있어 적극적이다. ● 다양한 인력을 적극적으로 발굴 및 모집한다. ● 다양성 수용 행동의 모범이 된다. ● 자신과 다른 사람들과 더불어 업무를 할 수 있는 업무 기회를 적극적으로 찾는다. ● 다양성 문제에 대해 타인을 지도한다.
Q1: 다른 사람들과 효과적으로 업무를 진행하기 위해 자신의 스타일을 바꾼 경험에 대해 말씀해 주십시오.	Q2: 상대방이 명백히 불편한 상황에서 그 사람을 편안하게 느끼도록 자신이 취한 행동에 대해 말씀해 주십시오.
참고:	참고:

표 6-13 "윤리 및 정직" 역량: 질문서 샘플

역량: 윤리 및 정직 — 좋은 때나 힘든 때나 지침이 될 수 있는 확고한 핵심 가치를 따른다. 믿음과 신뢰가 생기게 행동한다.				
공정함과 윤리적 사안에 반하는 어려운 문제를 처리해야 했던 특별한 경험에 대해 말씀해 주십시오.				
	상황[S]	과업[T]	조치[A]	결과[R]
노트:				
직장에서 다른 사람이 수용하기 어려운 정도로 규칙, 정책 또는 절차를 왜곡시키거나 편리한 대로 해석하는 경우를 본 적이 있다면 말씀해 주십시오.				
	상황[S]	과업[T]	조치[A]	결과[R]
노트:				

표 6-14 "윤리 및 정직" 역량: 평가서

역량: 윤리 및 정직 – 좋은 때나 힘든 때나 지침이 될 수 있는 확고한 핵심 가치를 따른다. 믿음과 신뢰가 가도록 행동한다.

○ 회사의 윤리 및 도덕 강령을 준수한다.
○ 약속을 지킨다.
○ 기밀을 유지한다.
○ 잘못을 인정한다.
○ 정직하고 도움이 되는 피드백을 제공한다.
○ 타인의 부적절하거나 다소 부적절하다고 판단되는 행동을 그냥 지나치지 않는다. 효과적이고 시기 적절한 방법으로 대처한다.
○ 정직, 도덕 및 윤리적 경영 행동의 높은 기준을 보여 준다.
○ 타인이 충고한 바를 따른다.
○ 정직한 행동과 윤리적 태도에 책임을 지도록 자신과 타인을 강제한다.

평 가

☐ 제시한 예는 비윤리적이며 위의 행동 기준 항목을 충족시키지 못했음.
　설명:

☐ 제시한 예가 위의 행동 기준 항목의 일부에만 일치함.
　설명:

☐ 제시한 예가 표시된 바와 같이 위의 행동 기준 항목 중 과반수 이상과 일치함.

☐ 예가 전체는 아니지만 위의 행동 기준 항목 대부분과 일치함(표시된 바와 같이).
　지원자는 윤리 및 도덕적으로 훌륭한 지도자/리더/조언자로 보임.

표 6-15 "결과 지향" 역량: 질문서 샘플

결과 지향: 목표 성취 또는 초과에 초점을 맞춘다. 실천과 성취를 지향하는 경향을 보인다.

#1 어려운 임무를 완수하도록 지시를 받았고 그 임무 이외의 업무도 수행해야 했던 경우를 말씀해 주십시오. 그 경험에서 당신은 어떤 교훈을 얻었습니까?

#2 (선택) 얻어야 할 결과를 얻지 못했거나 지켜야 할 일정 내에 결과를 얻지 못했던 경우에 대해 말씀해 주십시오.

상황[S] 과업[T] 조치[A] 결과[R]	#1
상황[S] 과업[T] 조치[A] 결과[R]	#2

표 6-16 "결과 지향" 역량: 평가 양식

결과 지향		
행동:		
☐ 확고한 개인적 목적의식을 보임.		
☐ 어려운 목표를 설정/수용.		
☐ 원하는/예상되는 결과를 얻는데 중점을 둠.		
☐ 해당 상황에 대해 적절한 긴장감을 가짐.		
☐ 장애나 어려움에 직면했을 때 인내하고 관철시킴.		
☐ 지체하지 않음. 합의된 일정 내에서 과업/프로젝트를 완료함.		
☐ 높은 수준의 생산성을 유지함.		
☐ 잡다한 사소한 일보다 소수의 핵심 사안에 초점을 맞춤.		
☐ 높은 개인 성취 기준(우수성의 기준)을 보임.		
☐ 자신의 진척 상황을 모니터하고 변경사항을 담당자에게 제공함.		
☐ 성공을 위해 자신이 희생할 의지가 있음을 보여 줌.		

참고:	평가		
	특별함	6	7
	능숙함	4	5
	보통임	2	3
	수용 불가	0	1

07 면접 자료 취합 및 정리

두말할 필요도 없이, 면접 위원이 여러 명이면 각 면접 위원마다 사용하는 양식이나 중점을 두는 역량에 대한 관점, 질문 방식, 채점 방식 등이 제각각 다를 것이다. 이 면접 위원들이 각 지원자에 대해 논의하기 위해 한 자리에 모이면 마치 사과와 오렌지를 비교하는 것이나 다를 바가 없을 것이다.

본장에서는 사과와 사과를 비교할 수 있도록 도움이 될 두 가지 양식을 제시하고자 한다. 첫 번째 양식인 개별 지원자 평가 양식(표 7-1)은 한 지원자에 대한 모든 면접 위원들의 채점 결과를 모아 놓았다.

직무 능력 및 역량 난 ①의 정보는 면접 시트의 첫 페이지에 있는데 이는 단순히 끌어오면 되는 작업이다. 중간 부분 ②에는 면접 과정에서 직무 능력과 역량에 대해 면접 위원 개개인들이 부여한 점

표 7-1 개별 지원자 평가: 양식 샘플

지원자 _____ 직책 _____

직무 능력 및 역량	면접 위원 이니셜 ①	②	③	평균
기술 및 특수 직무 능력	점수	점수	점수	
역량				

수와 함께 그들의 이니셜이 기록되어 있다. 대개 모든 면접 위원들이 특정 직책에 요구되는 모든 직무 능력이나 역량에 대해 질문하는 것은 아니다. 여러 면접 위원들이 채점을 한 경우 이 점수들은 각 직무 능력과 역량별로 평균을 내고 각 부문별 평균값을 평균란 ③에 기록한다.

각각의 지원자에 대해 개별 지원자 평가 양식이 작성되면 누적 보고서(지원자 비교 양식, 표 7-2)가 만들어져 하나하나씩 지원자에 대한 양적 비교가 가능해진다.

다시 한 번 직무 능력과 역량 난 ①의 정보는 면접 시트의 첫 페

표 7-2 지원자 비교: 양식 샘플

① 직무 능력 및 역량	지원자 이름 ②		
	③ 평균 점수		
기술 및 특수 직무 능력			
역량			

이지로 모아지고 오른쪽 난의 맨 위에 각 지원자의 이름이 기록된다②. 마지막으로 각 지원자의 직무 능력과 역량에 대한 평균 점수가 각각의 개별 지원자 평가 양식에서 복사되어 해당 난에 기록된다③.

이 기록들이 하나의 양식에 모아지면 각각의 지원자에 대한 논의가 시작된다. 그런 다음 배경 확인, 평판 확인 또는 기타 조직의 고용 요건은 미결로 남겨두고 누구를 해당 직책에 선발할지 결정할 수 있다.

08 역량과 HR의 통합

이제 역량에 대한 평가 기준을 수립하고 이를 기준으로 지원자를 채용했으므로 이러한 역량을 다른 인력 관리 프로그램과 프로세스에 통합하는 일은 어찌 보면 당연하다고 할 수 있다. 이 장에서는 역량 통합 작업에 대하여 간략히 살펴보기로 하자.

성과 관리

직원들이 연례 성과 검토를 싫어하는 여러 이유 중 하나는 이 검토 작업이 자의적이고 변덕스럽다고 생각하기 때문이다. 직원들은 성과 검토를 자신들의 직책에서 요구하는 역량을 향상시키는 데 도움을 주고 조직과 함께 성장하도록 도와주는 데 사용될 수 있는 도구로 보기보다는 오히려 중요하지도 않고 거의 가치도 없는 일이라고 생각한다.

역량은 이러한 태도를 바꿔줄 수 있다. 개인의 성과를 기업의 성과와 연계시키면 조직의 성과 관리 프로세스는 조직 내에서 가치 있는 일이 된다. 직원들은 자신들의 일상 업무 활동과 조직의 미션과 비전 그리고 전략적 계획을 성취해 나가는 기업(뿐만 아니라 조직의 가치와 윤리 강령에 따른 운영)의 연관 관계를 보기 시작한다. 게다가 역량에 따라 인력을 채용하려 한다면 동일한 역량을 토대로 직원들의 성과를 평가하는 것이 사리에 맞을 것이다.

실제 성과 관리 서식의 구성은 당연히 직원non-exempt em-ployee이냐 아니면 관리자exempt employee냐에 따라 다르게 되어 있다. 각 서식에 요구되는 기본적인 조건에 대해 살펴보자.

직원

직원용 양식에는 최소한 다음과 같은 부분들로 구성할 것을 권장한다.

1. 역량별 평가 척도(BARS). 대부분의 조직에서 이 항은 관리자용 서식에서 보는 그것보다 훨씬 더 직설적으로 되어 있다. 표 8-1은 직원 성과 검토서에서 발췌한 것으로 등급별로 나뉘어져 있다.
2. 성과/성취도. 지속적인 피드백이 효과적인 성과 관리의 핵심 부분임은 사실이지만 종종 부하 직원들에게 직원들이 당해 연

표 8-1 역량 평가 척도: 직원 성과 검토서에서 발췌

작업 품질. 회사 기준에 부합하는 작업을 수행할 수 있는 능력과 정확성을 고려한다.				
거의 오류가 없음. 지속적으로 우수한 작업 품질을 보임. 정보 정확도가 높음.	간혹 오류가 발생. 몇몇 오류가 있으나 작업이 대체적으로 정확하고 품질이 우수함. 정보 정확도가 좋음.	품질이 최소 표준보다 높음. 간혹 오류가 발생하나 시정 후 거의 반복적이지 않음. 정보 정확도가 수용할 만함.	작업에 종종 정기적 검사가 요구됨. 기준보다 많은 오류 발생.	과다하고 반복적인 오류 발생. 정확도가 요구되는 업무를 부여할 수 없음.
매우 우수	우수	중간	향상 요망	수용 불가

도에 성취한 긍정적인 일들에 대해 알려 주는 것을 잊곤 한다. 이 항은 한 해 동안 직원에게 알려 준 이러한 긍정적인 일들을 되짚어 보거나 긍정적인 피드백에 대해 요약할 수 있도록 우리의 기억을 되살려 준다.

3. 개선이 요구되는 부문. 이 항에서는 무엇을 개선할 필요가 있는지, 그것을 어떻게 개선할 것인지, 그리고 언제까지 개선시켜야 하는지에 대해 자세히 알려 준다.

4. 요약/종합. 이 항에는 전하고자 하는 간략한 의견란, 직원들이 의견을 제의할 수 있는 난 그리고 전반적인 성과 등급이 포함된다. 표 8-2는 시간제 직원용 요약/종합란이 어떤 모습인지 잘 보여 주고 있다.

5. 서명. 이 항은 적절한 서명과 날짜가 기록돼야 하는 부분이다.

표 8-2 시간제 직원용 성과 요약

전반적인 성과 요약 및 등급				
감독자 의견:				
직원 의견:				
전반적으로 성과가 뛰어남. 직원은 지속적으로 업무 관련 과업을 높은 수준의 역량으로 수행함.	높은 수준의 성취도. 직원은 업무 관련 과업에서 뛰어난 능력을 명확하게 입증함.	수용 가능한 수준의 성과. 직원은 일반적으로 기대를 충족시킴.	최소 수준의 성과. 향상이 요구되는 여러 분야가 있음.	불만족스러운 수준의 성과. 여러 분야에서 획기적인 향상이 이루어졌음을 신속히 입증해야 함.
매우 우수	우수	중간	향상 요망	수용 불가

관리자

관리자용 양식에는 다음과 같은 항을 포함할 것을 권장한다.

• 개인 목표. 이러한 목표들은 구체적이고Specific 측정 가능하며 Measurable 성취 가능하고Achievable 실질적이며Re-alistic 제한된 기간을Time-based 가질 수 있도록 익숙한 SMART 양식을 사용하여 수립한다.

• 요약/종합. 직원용 양식과 마찬가지로 이 항은 차상급 관리자와

관리자 본인이 전반적인 의견을 개진하기 위한 부분이다.

- 교육/개발 계획. 이 항에는 직원이 기대를 충족시키지 못한 목표나 성과 요소, 현재 직책에서 현재 또는 미래의 기대를 충족시키기 위해 필요한 추가 교육/개발 그리고 향후 18개월 내에 이동 또는 승진할 직책에 필요한 교육/개발 내용이 포함된다. 그러나 이 항에 심각한 성과 문제를 해결하기 위한 개발 계획이나 승계 계획은 포함되지 않는다.

실제 관리자용 양식의 모습이 어떻든, 역량을 회사의 성과 관리 프로세스에 통합함으로써 해당 직책 그리고/또는 조직에서 성공을 좌우하는 핵심으로 판단된 역량에 비추어 성과를 측정할 수 있다. 실제 양식에서 이러한 것이 어떻게 보여지는가에 대한 예는 표 8-3에 잘 나타나 있다.

역량을 성과 관리 프로세스에 포함시키는 것은 조직의 모든 사람들에게 그들이 조직의 전반적인 성공에 중요한 역할을 한다는 점을 이해시키는 첫 번째 단계이다. 이러한 프로세스는 다음과 같은 효과를 가져온다.

- 실적 향상
- 직원들에 대한 동기 부여
- 사기 고취
- 생산성 향상
- 우수 인력이 되기 위한 기본조건 제시

표 8-3 관리자용 성과 검토 양식에 통합된 역량

직원 개발: 어렵고 과도한 과업/임무를 제공한다. 자주 직원 능력 개발 논의를 진행한다. 부하 직원의 업무 목표에 대해 인지한다. 강력한 개발 계획을 구축 및 실행한다. 능력 개발 노력을 하도록 직접 보고를 재촉한다. 개선/발전이 필요한 부하를 수용한다. 인력 구축 전문가(people builder)이다. 시기적절하게 성과 검토를 완료한다.	☐ 매우 탁월 ☐ 우수 ☐ 보통 ☐ 개선 요망 ☐ 수용 불가
"보통"이 아닌 경우 평가에 대한 합리적 근거.	
기획, 조직화, 우선순위 설정: 프로젝트를 정확하게 파악한다. SMART 목표와 목적을 설정한다. 업무를 소단위 프로세스 단계로 세분화한다. 명확하고 구체적인 일정과 인력/과업 계획을 수립한다. 문제를 예측하고 조정한다. 목표 대비 성과를 측정한다. 업무를 완성시키기 위해 자원을 결집시킬 수 있다. 여러 업무를 수행할 수 있다. 자원을 효과적이고 효율적으로 사용한다. 사소한 여러 사안은 제쳐두고 소수의 핵심 사안에 자신과 타인의 시간을 할애한다. 장애요소를 제거한다. 집중을 유도한다.	☐ 매우 탁월 ☐ 우수 ☐ 보통 ☐ 개선 요망 ☐ 수용 불가
"보통"이 아닌 경우 평가에 대한 합리적 근거.	

개인별 성과 개선 계획

직원의 성과가 기대에 미치지 못하면 성과 관리 프로세스나 별도의 문서로 능력 개발 계획을 수립할 수 있다. 이러한 계획은 수행해야 할 능력 개발 활동 내용과 그와 관련된 역량을 명시한다. 일반적으로 능력 개발 계획의 항목들이 구체적일수록(특히 수용 가능한 성과가 어떤 "모습인가"와 관련해) 해당 개인은 요구되는 수준의 역량을 구체적으로 설정할 가능성이 높아진다.

표 8-4 직무 능력 향상 교육 및 개발 기회 샘플

채용/배치 역량 교육/개발 기회		
수준 1	수준 2	수준 3
CBBI 프로그램 참석.	본인의 직무 능력 개발을 위해 채용 전문가와 업무 수행. 1. 채용 전문가의 면접을 최소 2회 관찰 후 상호 토의. 2. 채용 전문가와 함께 최소 3명의 지원자 면접 실시 후 상호 토의. 3. 채용 전문가가 보는 가운데 최소 3명의 지원자 면접 후 상호 토의.	대학 방문 신입 사원 모집기간 중 면접 위원으로 참가 후 채용 전문가와 상호 토의.

훈련 및 개발

훈련 및 개발 프로그램이나 자기개발 프로그램은 직원들에게 요구되는 수준으로 역량을 높이는 데 필요한 직무 능력을 갖도록 하기 위해 개발되고 제공된다. 표 8-4는 직무 능력 수준 교육 및 개발 기회의 예를 보여 준다.

승계 계획

승계 계획은 사소하게 간주되어 왔다. CEO는 누가 어느 직책에 적합한지 예감, 본능, 직관 그리고 종종 정치적인 요소를 근거로 결정했다. 오늘날 승계 계획이 제대로 이루어지려면 과거처럼 쉽게 되지 않는다. 승계 계획 수립(그리고 지속적인 계획 모니터링, 조정 및 개선)은 아마도 자신의 전략적 계획과 목표를 성취할 능력이 있는 조직을 갖추는 데 있어 가장 중요한 요소 중 하나일 것이다.

승계 계획이 효과적이고 가치가 있기 위해서는 공식적이고 지속적이며 체계적이고 능동적인 노력을 통해 적절한 직무 능력을 갖춘 적절한 인력이 적절한 시기에 적절한 자리에 있도록 해야 하며 조직 내 새로운 리더 직책을 맡을 준비가 되어 있도록 해야 한다. 승계 계획이 조직의 역량 모델에 근거하여 수립되면, 조직의 미래를 마음속에 담고 미래 지도자를 평가, 선택, 육성할 수 있다.

역량은 회사가 사실상 승계 계획에 적용하는 어떤 방식과도 잘 조화를 이룬다. 역량중심 승계 계획이 잘 이루어진다는 것은 승계 계획이 다음과 같다는 것을 의미한다.

- 전략과 그 목표 그리고 목적과 잘 연계되었다.
- 조직문화, 비전, 미션 그리고 공유 가치와 부합된다.
- 인력 관리(HR) 프로세스와 통합되어 있다.

따라서 역량중심 HR 시스템이 개발되고 전사적으로 지속적으로 사용될 때 이 시스템은 직원을 회사의 전술, 전략적 방향과 일치시켜 준다. 이러한 일관성은 조직 전반에 걸쳐 개인과 조직의 성공에 무엇이 필요한지에 대한 강력한 메시지를 전달한다. 이에 따라 궁극적인 결과는 오늘날 경쟁적인 환경에서 개인과 조직이 살아남을 뿐만 아니라 번창하게 되는 것이다.

Books_

- Arthur, Diane. Recruiting, Interviewing, Selecting & Orienting New Employees, 4th ed. New York: AMACOM, 2006.
- Ball, Frederick W. and Barbara B. Ball. Impact Hiring: The Secrets of Hiring a Superstar. Upper Saddle River, N.J.: Prentice Hall, 2000.
- Camp, Richard R., Mary E. Vielhaber, and Jack L. Simonetti. Strategic Interviewing. San Francisco: Jossey-Bass, 2001.
- Campbell, Andrew and Kathleen Sommers Luchs. Core Competency-Based Strategy. Stamford, Conn.: International Thomson Business Press, 1997.
- Cohen, David S. The Talent Edge: A Behavioral Approach to Hiring, Developing, and Keeping Top Performers. New York: John Wiley & Sons, 2001.
- Deems, Richard S. Interviewing: More Than a Gut Feeling. Franklin Lakes, N.J.: Career Press, 1995.
- Dipboye, R.L. "Structured and Unstructured Selection Interviews: Beyond the Job-Fit Model," In Ferris, G.R. (ed.). Research in Personnel and Human Resources Management: Vol 12. Greenwich, Conn.: JAI Press, 1994.
- Falcone, Paul. 96 Great Interview Questions to Ask Before You Hire. New York: AMACOM, 1997.
- Falcone, Paul. The Hiring and Firing Question and Answer Book. New York: AMACOM, 2002.
- Fear, Richard A. and Bob Chiron. The Evaluation Interview: How to Probe Deeply, Get Candid Answers, and Predict the Performance of Job Candidates. New York: McGraw-Hill, 2002.
- Fry, Ron. Ask the Right Questions, Hire the Best People. Franklin Lakes, N.J.: Career Press, 2000.
- Kador, John. The Managers Book of Questions: 751 Great Interview Questions for Hiring the Best Person, New York: McGraw-Hill, 1997.
- Sachs, Randi Toler. How to Become a Skillful Interviewer. New York: AMACOM, 1994.

- Spencer, Lyle M. and M. Signe. Competence at Work: Models for Superior Performance. New York: John Wiley & Sons, 1993.
- Wendover, Robert W. Smart Hiring: The Complete Guide to Finding and Hiring the Best Employees, 2nd ed. Naperville. : Sourcebooks, 1998.
- Wood, Robert and Tim Payne. Competency Based Recruitment and Selection: A Practical Guide. Chichester, U.K. : John Wiley & Sons, 1998.

White Papers_

- Nemerov, Donald S. and Stephen Schoonover. "Competency-Based HR Applications Survey: Executive Summary of Results." Alexandria, Va.: Society for Human Resources Management: SHRM White Paper, 2001.
- Pritchard, Kenneth H. "Introduction to Competencies. Alexandria, Va.: Society for Human Resources Management: SHRM White Paper, 1997.
- Sommer, Roger D. "Behavioral Interviewing." Alexandria, Va.: Society for Human Resources Management: SHRM White Paper, 1998.

Articles_

- Bradley, Elizabeth. "Hiring the Best." Women in Business 55.4 (July/ August 2003) .
- Campion, Michael A., James E. Campion, and J. P. Hudson. "Structured Interviewing: A Note on Incremental Validity and Alternative Question Types." Journal of Applied Psychology 79 (1994).
- Campion, Michael A., David K. Palmer, and James E. Campion. "A Review of Structure in the Selection Interview." Personnel Psychology 50 (1997), pp. 655-702.
- Campion, Michael A., E. D. Pursell, and B. K. Brown. "Structured Interviewing: Raising the Psychometric Properties of the Employment Interview." Personnel Psychology 41 (1988), pp. 25-42.
- Conway, J. M., R. A. Jako, and D. F. Goodman. (1995). "A Meta-Analysis of Interrater and Internal Consistency Reliability of Selection Interviews." Journal of Applied Psychology 80 (1995), pp. 565-579.
- Fay, C. H. and G. P. Latham. "Effect of Training and Rating Scales on Rating Errors." Personnel Psychology 35 (1982), pp. 105-116.

- Graves, L. M. and R.J. Karren. "The Employee Selection Interview: A Fresh Look at an Old Problem." Human Resource Management 35 (1996), pp. 163-180.
- Harris, M. M. "Reconsidering the Employment Interview: A Review of Recent Literature and Suggestions for Future Research." Personnel Psychology 42 (1989), pp. 691-726.
- Hirshman, Carolyn. "Playing the High-Stakes Hiring Game." HR Magazine 43.4 (March 1998).
- Holdeman, John B. and Jeffrey M. Aldridge. "How to Hire Ms./Mr. Rights." Journal of Accountancy 182.2 (August 1996).
- Howard, J. L. and G. R. Ferris. "The Employment Interview Context: Social and Situational Influence on Interviewer Decisions." Journal of Applied Social Psychology 26 (1996), 112-136.
- Huffcut, A. I. and W. Arthur. "Hunter and Hunter (1984) Revisited: Interview Validity for Entry-Level Jobs." Journal of Applied Psychology 79 (1994), pp. 184-190.
- Hunter, J. E. and R. F. Hunter. "Validity and Utility of Alternative Predictors of Job Performance." Psychological Bulletin 96 (1984), pp. 72-98.
- Isaacs, Nora. "Enterprise Career: Use Job Interviews to Evaluate 'Soft Skills.'" Info World (April 6, 1998).
- Janz, T. "Initial Comparisons of Patterned Behavior Description Interviews Versus Unstructured Interviews." Journal of Applied Psychology 67 (1982), pp. 577-580.
- Kelly, Maura. "The New Job Interview." Rolling Stone (March 15, 2001), p. 67.
- Maurer, S. D. and C. Fay. "Effect of Situational Interviews, Conventional Structured Interviews, and Training on Interview Rating Agreement : An Experimental Analysis., Personnel Psychology 41 (1988), pp. 329-347.
- McDaniel, M. A., D. L. Whetzel, F. L. Schmidt, and S. D. Maurer. "The Validity of Employment Interviews: A Comprehensive Review and Meta-Analysis." Journal of Applied Psychology 79 (1994), pp. 599-616.
- Motowidlo, S. J., et al. "Studies of the Structured Behavioral Interview." Journal of Applied Psychology 5 (1992), pp. 571-587.

- Pascarella, Stephen E. "Making the Right Hire: Behavioral Interviewing." Tax Advisor 37.9 (September/October 1996).
- Pulakos, E. D., and N. Schmitt. "Experience-Based and Situational Interview Questions: Studies of Validity." Personnel Psychology 48 (1995), pp. 289-308.
- Schmidt, Frank L. and John E. Hunter. "The Validity and Utility of Selection Methods in Personnel Psychology: Practical and Theoretical Implications of 85 Years of Research Findings." The American Psychological Association. Psychological Bulletin 24.2 (September 1998).
- Trotsky, Judith. "Oh, Will You Behave?" Computerworld 35.2 (January 8, 2001).
- Watterson, Thomas. "More Employers Using Job Interview As a Test of Applicants' Mettle." Boston Globe, Boston Works section, September 12, 2004. (Note: While the article is good, the questions at the end of the article are, for the most part, not behavior-based.)
- Weekley, J. A. and J. A. Gier. "Reliability and Validity of the Situational Interview for a Sales Position." Journal of Applied Psychology 72 (1987), pp. 484-487.
- Wiesner, W. H. and S. F. Cronshaw. "A Meta-Analysis Investigation of the Impact of Interview Format and Degree of Structure on the Validity of the Employment Interview." Journal of Occupational Psychology 61 (1989), pp. 275-290.
- Wright, Daisy. "Tell Stories, Get Hired." Office Pro 65.6 (August/September 2004).
- Wright, Daisy. "Interview Questions That Hit the Mark." Harvard Business Review 6.3 (March 2001).
- Wright, P. M., P. A. Lichtenfels, and E. D. Pursell. "The Structured Interview: Additional Studies and a Meta-Analysis." Journal of Occupational Psychology 62 (1989), pp. 191-199.
- Zedeck, S., A. Tziner, and S. Middlestadt. "Interview Validity and Reliability: An Individual Analysis Approach." Personnel Psychology 36 (1983), pp. 355-370.